Rudolf Pesch

Die Weihnachtsbotschaft

Rudolf Pesch

Die Weihnachtsbotschaft

Die biblischen Weihnachtstexte neu übersetzt und ausgelegt

kbw bibelwerk

Inhalt

DIE MATTHÄISCHEN WEIHNACHTSGESCHICHTEN

Vorwort

Es erfüllt mich mit Freude, dass das Katholische Bibelwerk die beiden letzten kleinen Schriften meines Mannes, fünf Jahre nach seinem Tod, in einem Band herausbringen und neuen Lesern vorstellen wird.

Es war ihm immer ein Anliegen, dass die neutestamentliche Exegese sich nicht mit der Wissenschaftlichkeit begnüge, sondern auch mit allgemein verständlichen Worten helfe, die Kirche in ihren Gemeinden zu stärken.

Diesen »Orten des Friedens in der Welt« galt seine Arbeit und sein Leben.

Berlin, den 13. Juni 2016 Ingeborg Pesch

DIE WEIHNACHTS- GESCHICHTE NACH LUKAS

Jean-Marie Kardinal Lustiger
(17. September 1926 – 5. August 2007)
zugeeignet

Zur Einführung: Die Wahrheit und der Friede

Das Weihnachtsevangelium dient in unseren Tagen in der Regel der Erzeugung gemütvoll-religiöser Gefühle, der Befriedigung des Bedürfnisses nach wehmütiger oder religiöser Stimmung, freilich dient es auch in den Botschaften der Päpste und Bischöfe, der Staatsoberhäupter und Staatsmänner als Basis allgemeiner Friedensappelle.

Zu Beginn des Jahres 2006 hat Papst Benedikt XVI. in seiner Botschaft zum Weltfriedenstag das Thema überzeugend neu exponiert: »In der Wahrheit liegt der Friede.« Darin heißt es:

»Das diesjährige Thema der Überlegungen (In der Wahrheit liegt der Friede) bringt die Überzeugung zum Ausdruck, dass der Mensch, wo und wann immer er sich vom Glanz der Wahrheit erleuchten lässt, fast selbstverständlich den Weg des Friedens einschlägt. Die pastorale Konstitution ›Gaudium et Spes‹ des Zweiten Vatikanischen Konzils, das vor 40 Jahren abgeschlossen wurde, stellt fest, dass es der Menschheit nur dann gelingen wird, ›die Welt für alle wirklich menschlicher zu gestalten [...], wenn alle sich in einer inneren Erneuerung der Wahrheit des Friedens zuwenden‹.«

Von der »Wahrheit des Friedens« handelt auch das Weihnachtsevangelium des Lukas, und zwar in einer Weise, der die gewohnt idyllische Betrachtung dieses großartigen Textes nicht standhält. Es bedarf der Entdeckung und Herausarbeitung der politischen Dimension dieses großen Textes, damit erkennbar wird, inwiefern auch er von der Wahrheit des Friedens zu uns spricht.

Das Weihnachtsevangelium stellt in der Gegenüberstellung des Kaisers Augustus mit dem Messias Jesus, dem Krippenkind, die Frage: »Wer bringt den Frieden?« – und es hält eben diese Antwort bereit: Der in Jesus von Nazaret erschienene Retter und Herr zusammen mit den Glaubenden »Seines Wohlgefallens«. Papst Benedikt XVI. hat dies so ausgeführt: »In dieser Weise beschrieben, gestaltet sich der Friede als himmlische Gabe und göttliche Gnade, die auf allen Ebenen die praktische Übernahme der größten Verantwortung erfordert, nämlich der, die menschliche Geschichte in Wahrheit, Gerechtigkeit, Freiheit und Liebe der göttlichen Ordnung anzupassen.«

Lukas spricht im Weihnachtsevangelium von den Empfängern der himmlischen Gabe des Friedens als den »Menschen des göttlichen Wohlgefallens«. Die Glaubenden sind – so wird es Jesus in einer Seligpreisung seiner Jünger sagen – zu Friedenstiftern berufen, als Söhne des einen, wahren, lebendigen Gottes (Mt 5,9).

Wer hindert den Frieden? In diesem Zusammenhang betont die Heilige Schrift in ihrem ersten Buch, der Genesis, die Lüge, die zu Beginn der Geschichte von dem doppelzüngigen Wesen ausgesprochen wurde, das der Evangelist Johannes als den »Vater der Lüge« bezeichnet (Joh 8,44). Die Lüge ist auch eine der Sünden, welche die Bibel im letzten Kapitel ihres letzten Buches, der Offenbarung, erwähnt, um den Ausschluss der Lügner aus dem himmlischen Jerusalem anzukündigen: »Draußen bleibt ... jeder, der die Lüge liebt und tut« (Offb 22,15). Mit der Lüge ist das Drama der Sünde mit ihren perversen Folgen verbunden, die verheerende Auswirkungen im Leben der Einzelnen sowie der Nationen verursacht haben und weiter verursachen. Man denke nur daran, was im vergangenen Jahrhundert geschehen ist, als irrige ideologische und politische Systeme die Wahrheit planmäßig verfälschten und so zur Ausbeutung und Unterdrückung einer erschütternden Anzahl von Menschen führten, ja, sogar ganze Familien und Gemeinschaften ausrotteten.

Das Friedensprogramm des Kaisers Augustus – in Palästina vertreten durch seinen Vasallen, König Herodes den Großen, den »Freund des Kaisers« – war nicht auf Wahrheit, sondern auf die Macht der Soldatenstiefel gegründet, und letztlich – bei Herodes in seinen messianischen Ambitionen deutlich greifbar – auf Lüge.

Lukas stellt die Geschichte Jesu und die frühe Geschichte der christlichen Mission bewusst als ein Geschehen dar, das sich im hellen Licht der Öffentlichkeit des römischen Weltreiches abspielte, als eine Geschichte, deren Studium die Verdächtigung des christlichen Glaubens als eines »finsteren Aberglaubens« (Tacitus) und der Christen als illoyaler, rebellischer Aufrührer widerlegt. Lukas berichtet ja, dass die Christen als »eine Pest, Anstifter von Unruhen« (Apg 24,5) verleumdet werden, und er lässt den Apostel Paulus vor König Agrippa sagen, dass die Geschehnisse um den Messias Jesus »ja nicht in einem Winkel geschehen sind« (Apg 26,26).

Der unter dem Kaiser Augustus geborene, unter Kaiser Tiberius und dessen judäischem Präfekten Pontius Pilatus gekreuzigte Jesus von Nazaret war kein politischer Rebell; auch seine Anhänger waren keine Aufrührer, obwohl sie ihn und nicht den Kaiser als »Retter« (griechisch: *soter*, lateinisch *salvator*) und »Herrn« (*kyrios, dominus*) verehren und obwohl sie sich aufgemacht haben, in ihrer Mission, in ihren Gemeinden den Erdkreis zu »revolutionieren« – in einer »stillen Revolution«. Die Anhänger des Kyrios Jesus befinden sich in einem nicht zu leugnenden Widerspruch zum Kyrios Kaisar, die Anhänger der Friedensbewegung Jesu in einem Gegensatz zur Friedensidee des Römischen Reiches.

Teil 1:
Der Text des Weihnachtsevangeliums

Das Weihnachtsevangelium des Lukas (Übersetzung)

DIE GEBURT JESU

Zeitgeschichtlicher Rahmen

1 1 Es geschah aber in jenen Tagen: Ausging ein Erlass vom KAISER AUGUSTUS, aufgezeichnet solle werden (der ganze Erdkreis).[1]

2 2 Diese erste Aufzeichnung geschah, als Quirinius Statthalter von Syrien war.

3 3 Und alle zogen hin, sich aufzeichnen zu lassen, ein jeder in die seine Stadt.

Davidische Herkunft Jesu

4 4 Hinaufstieg aber auch Josef von Galiläa aus der Stadt Nazaret nach Judäa in die Stadt Davids, die Betlehem heißt,

[1] Die jeweils erste Zahl bezeichnet die Satz-Nummer (Satz 1, 2 usw.), die zweite Zahl die Versnummer (Reihenfolge im biblischen Kapitel). 7,6 bedeutet also: 7. Satz, Lukas 2,6.

5 weil er aus dem Haus und Geschlecht Davids war,
6 [5] um sich aufzeichnen zu lassen mit Maria, der ihm
Angetrauten, die schwanger war.

Verborgene Geburt des Messias

7 [6] Es geschah aber, während sie dort waren: Erfüllt
wurden die Tage, dass sie gebären sollte.
8 [7] Und sie gebar ihren Sohn, den Erstgeborenen.
9 Und sie wickelte ihn und bettete ihn in einer Krippe
(weil sie keinen Platz hatten in der Unterkunft).

DIE VERKÜNDIGUNG DER GEBURT JESU

Engelerscheinung vor den Hirten

10 [8] Und Hirten waren in derselben Gegend im Freien
und hielten Nachtwache bei ihrer Herde.
11 [9] Und ein Engel des Herrn trat zu ihnen und die
Herrlichkeit des Herrn umstrahlte sie.
12 Und sie fürchteten sich in großer Furcht; [10] doch es
sprach zu ihnen der Engel:

Engelbotschaft an die Hirten

13 »Fürchtet euch nicht! Denn siehe, ich frohbot-
schafte euch große Freude, welche zukommen wird dem
ganzen Volk.

14 [11] Denn geboren wurde euch heute ein RETTER,
der ist CHRISTUS, HERR, in Davids Stadt.
15 [12] Und dies sei euch das Zeichen: Finden werdet ihr
ein Neugeborenes, gewickelt und in einer Krippe liegend.«

Engellob

16 [13] Und plötzlich ward mit dem Engel eine Menge
himmlischen Heeres;
17 die lobten Gott und sagten:
18 [14] »Herrlichkeit in den Höhen Gott und auf Erden
Friede unter den Menschen des Wohlgefallens!«

DIE BESTÄTIGUNG DER VERKÜNDIGUNG

Bestätigung des Zeichens

19 [15] Und es geschah: Als fort gegangen waren von
ihnen in den Himmel die Engel, redeten die Hirten
zueinander:
20 »Lasst uns doch hinübergehen nach Betlehem
und sehen dies Ding, das geschehen ist, das der Herr
uns kundgetan hat!«
21 [16] Und sie gingen eilend und fanden Maria und Josef
und das Neugeborene, in der Krippe liegend.

Bericht der Hirten, Reaktion der Hörer

22 [17] Da sie es aber sahen, machten sie kund das Wort,
das zu ihnen geredet worden war über dieses Kind.
23 [18] Und alle, die es hörten, staunten über das, was von
den Hirten zu ihnen geredet wurde.
24 [19] Maria aber bewahrte alle diese Worte, sie über-
denkend in ihrem Herzen.

Lobpreis der Hirten und Namengebung Jesu

25 [20] Und die Hirten kehrten zurück.
26 Sie priesen und lobten Gott für alles, was sie gehört
und gesehen hatten, gemäß dem, wie zu ihnen geredet
worden war.
27 [21] Und als erfüllt waren acht Tage, ihn zu beschnei-
den, da wurde genannt sein Name JESUS (der genannt
worden war von dem Engel, bevor er im Mutterleib
empfangen wurde).

Der Umfang des Weihnachtsevangeliums

Sowohl in der Liturgie der Kirche wie in den geläufigen Bibelausgaben wird das Weihnachtsevangelium auf die Verse 1–20 des zweiten Kapitels des Lukasevangeliums beschränkt. Der Vers 21 (Satz 27 unserer Gliederung), der von der Beschneidung und Namengebung Jesu erzählt, gehört jedoch zur Geburtserzählung hinzu, ohne die Notiz von der Beschneidung des Kindes und der Namengebung Jesu ist das Weihnachtsevangelium nicht vollständig, eher verstümmelt. Dafür sprechen eine Reihe von Parallelen aus dem Alten Testament und aus frühjüdischen Nacherzählungen der alttestamentlichen Geburtsgeschichten. Beschneidung und/oder Namengebung bilden jeweils den Abschluss einer Erzählung von der Geburt eines Gottesmannes (Ismael: Gen 16,7–16; Jubiläenbuch 14,21–24; Isaak: Gen 21,1–8; Jubiläenbuch 16,12–14; Simson: Ri 13,1–24; Pseudo-Philo Antiquitates Biblica 42,1–43,1; Flavius Josephus, Jüdische Altertümer V, 285 und viele andere Beispiele).

Das Weihnachtsevangelium (Lk 2,1–21b) ist ein im Ganzen einheitlicher, nicht, wie mitunter behauptet wurde, ein aus zwei ursprünglich getrennten Teilen (2,1–7; 2,8–21b) zusammengesetzter Text; es ist ein Text aus einem Guss. Historische Schwierigkeiten mit der Datierung des Zensus, der ersten Steuererhebung in Palästina, können nicht zum Anlass genommen werden, den Text in disparate Bestandteile zu zerlegen. Innerhalb des Textes selbst gibt es keine literarkritisch auswertbaren Spannungen, Doppelungen, Wiederholungen oder Brüche.

Im ersten Teil finden wir wesentliche Verständnisvoraussetzungen für den zweiten, nämlich die Einführung der Eltern des Kindes (2,4–5; Satz 4–6), die Erzählung von seiner Geburt (2,6; Satz 7) und die Vorbereitung des »Zeichens« (2,7; Satz 8–9), das vom Engel den Hirten gegeben wird.

Für die Einheitlichkeit des Textes spricht am deutlichsten dessen kunstvoller Aufbau, den wir unten detailliert darstellen.

Überlieferungsgeschichte

Die Weihnachtserzählung ist ein vorlukanischer, von Lukas nur wenig bearbeiteter Text. Dass das Weihnachtsevangelium eine selbständige, ursprünglich nicht mit der Geburtsankündigungsgeschichte des Lukasevangeliums (Lk 1,26–38) verbundene Erzählung war, ist allgemein anerkannt:

- Maria wird in Vers 5 neu vorgestellt, als ob vorher nicht bereits von ihr die Rede gewesen wäre;
- Marias Verständnis des Ereignisses rührt von der Botschaft der Hirten her; die Deutung durch den Engel Gabriel bei der Verkündigung wird nicht erwähnt;
- die vom Engel in der Verkündigungsgeschichte angekündigte Jungfrauengeburt und Zeugung durch den

Heiligen Geist werden im Weihnachtsevangelium nicht angedeutet, Josef und Maria erscheinen als gewöhnliches Ehepaar;

- die Botschaft des Engels in der Verkündigungsgeschichte deutet Jesus als davidischen Herrscher (Lk 1,26–28), das Weihnachtsevangelium als »Retter« (Lk 2,11; Satz 14).
- Der Hinweis auf die Ankündigung des Namens Jesu durch den Engel Gabriel am Schluss des Weihnachtsevangeliums (Lk 2,21c, Satz 27) ist wahrscheinlich eine lukanisch-redaktionelle Verklammerung der Geburtserzählung mit der Geburtsankündigungsgeschichte (Lk 1,26–38) und gehört wohl nicht zur ursprünglichen Erzählung. Diese stammt vermutlich aus dem frühen palästinischen Judenchristentum und ist voll von Assoziationen an alttestamentlich-biblische und frühjüdisch-messianische Überlieferung. Der sprachliche Charakter des griechischen Textes, den Lukas schriftlich überliefert hat, lässt auf eine semitische, wohl aramäische Urfassung der Erzählung schließen. Auf die Feder des Lukas gehen vermutlich kleine Veränderungen des dem Evangelisten überlieferten Textes zurück, die in der Übersetzung durch Klammern markiert sind.

Die gesamte Erzählung ist nach einem Dreierschema komponiert, das sich besonders gut für konzentrische Strukturen eignet, in denen die hervorgehobene Aussage jeweils in die Mitte einer Dreiereinheit gerückt wird.

In der Weihnachtserzählung ist ein geradezu raffiniertes Bauprinzip angewandt: Es ist leicht zu erkennen, dass die zentralen, besonders betonten Aussagen jeweils in der Mitte (Satz 4–6; Satz 13–15; Satz 22–24) der drei dreiteiligen Abschnitte stehen und dass die Gesamterzählung ihre Mitte im fünften der neun Unterabschnitte (Satz 12–15) besitzt: in der Engelbotschaft an die Hirten, der Verkündigung der Geburt des Retters, Messias und Herrn.

Nun ist aber weiterhin frappierend, dass die neun Unterabschnitte ebenfalls dreiteilig gebaut sind; die Erzählung besteht aus 27 Erzählteilen und besitzt folglich ihre Mitte in Satz 14, also im Wortlaut der Frohbotschaft des Engels.

Die Zahl 14 wird der Leser schon aus dem Stammbaum Jesu im Matthäusevangelium mit den dreimal 14 Generationen kennen (vgl. Mt 1,1–17) kennen. Die antike Literatur nicht nur des Judentums kennt das geistreiche Spiel mit Buchstaben und Zahlen, die Gematria. Dabei geht es vorzüglich um den Zahlwert der Buchstaben, welcher der

Reihenfolge des Alphabets entnommen wird: a entspricht der 1, b der 2, c der 3 usw. Sowohl im hebräischen wie im griechischen Alphabet dienen die Buchstaben zugleich als Zahlzeichen. Bei jedem beliebigen Wort kann man also mühelos die »Quersumme« und damit den »Zahlenwert« des Wortes errechnen.

Der Zahlenwert des hebräischen Namens David (DWD) – was für unseren Zusammenhang wichtig ist – ergibt 4 + 6 + 4 = 14. Die Zahl 14 ist schon im Alten Testament ausgezeichnet als die Zahl der Generationen von Abraham bis David. In Mt 1 wird der Stammbaum des Sohnes Davids, des Sohnes Abrahams (1,1) gezielt in 3 mal 14 Generationen vorgestellt. Und in der Weihnachtserzählung wird genau in der Mitte des Textes, in Satz 14 erklärt, dass Jesus als Sohn Davids, der in Davids Stadt Betlehem geboren wurde, der RETTER und HERR ist – und nicht der Kaiser Augustus.

Überblickt man die Gesamtkomposition der Geburtslegende Jesu, so springt geradezu ins Auge, dass in den Eckpfeilern des Baus, am Anfang und am Schluss, der KAISER AUGUSTUS einerseits und JESUS andererseits genannt sind. Sie sind die Schlüsselfiguren, diejenigen, die als Friedensbringer verehrt werden, der Kaiser in der heidnischen Welt seines Imperiums, Jesus in den kleinen Gemeinden, die sich anschicken, den Erdkreis still und gewaltlos zu revolutionieren – durch miteinander solidarische Orte des Friedens.

Das lukanische Weihnachtsevangelium, die alte Geburtslegende, will erzählen, wie anlässlich eines Erlasses des damaligen Herrn der Welt, des römischen Kaisers Augustus – der (wie Lukas verdeutlicht) den ganzen Erdkreis regierte (in den Provinzen durch seine Statthalter) –, in der Provinz Judäa, in der kleinen Stadt Betlehem, der Stadt Davids, aus dem Geschlecht Davids der wahre RETTER und HERR, Jesus, geboren und durch Gottes – des wahren Herrn der Welt – Boten als solcher öffentlich proklamiert wurde. Es dürfte sodann kein Zufall sein, dass in unserem Text Jesus als der Herrscher proklamiert wird, der »auf Erden unter den Menschen des (göttlichen) Wohlgefallens« – nicht kaiserlichen Wohlgefallens! – den »Frieden« bringt.

Die Frage ist aufgeworfen: Wer bringt den Frieden?

Teil 2:
Die Auslegung

Satz 1: Die Steuererhebung unter Kaiser Augustus (Lk 1,1)

> 1 [1] Es geschah aber in jenen Tagen: Ausging ein Erlass vom Kaiser Augustus, aufgezeichnet solle werden (der ganze Erdkreis).[2]

Unsere Erzählung vibriert untergründig von der Spannung zwischen dem universalen Anspruch des römischen Herrschers, der die *pax Romana* als *pax Augustana* auf die Macht der römischen Legionen gegründet hatte, und dem universalen Anspruch des jüdischen (von den Judenchristen akzeptierten) Messias, der von einem römischen Präfekten, Pontius Pilatus, ans Kreuz geschlagen worden war, nachdem er Gottes Herrschaft ausgerufen und die Gewaltlosigkeit gepredigt hatte.

[2] Die jeweils erste Zahl bezeichnet die Satz-Nummer (Satz 1, 2 usw.), die zweite Zahl die Versnummer (Reihenfolge im biblischen Kapitel). 7,6 bedeutet also: 7. Satz, Lukas 2,6.

»Kaiser Augustus«

Mit dem Namen des Augustus verband die damalige heidnische Welt die vom Kaiser propagierte Friedensidee. Kaiser Augustus hatte im Jahr 10 v. Chr. den Kult der Friedensgöttin *(Pax)* in Rom eingeführt. Schon drei Jahre zuvor hatte der Senat die *ara pacis Augustae*, den Altar des Augustäischen Friedens, gestiftet, der 9 v. Chr. am Ostrand des Marsfeldes, des Geländes des Kriegsgottes, geweiht wurde. Wichtig sind die Figurenreliefs der Vorder- und Rückwand des Altares: Rechts neben der Eingangstür sieht man den bärtigen Aeneas, wie er bedeckten Hauptes an einem ländlichen Altar den Penaten opfert. Mit diesem Relief sollen der Kaiser und seine Familie geehrt werden, denn das julische Haus sah ja den von Venus geborenen Aeneas als seinen Stammvater an. Später wird der »göttliche Augustus« allerdings mehr mit dem Lichtgott Apollo in Zusammenhang gebracht. Schon im 1. Jahrhundert n. Chr., nicht lange nach seinem Tod, verehrte man Augustus als Sohn des Gottes Apollo und erzählte Geburtslegenden vom »göttlichen Augustus« und von dessen Vater Octavianus.

Noch mitten im römischen Bürgerkrieg, 42 oder 41 v. Chr., hatte der Dichter Vergil, vermutlich in der Hoffnung auf den Sohn des Octavianus, den späteren Kaiser Augustus, in seiner berühmten 4. Ekloge in kunstvollen

Hexametern die Geburt des Weltheilandes angekündigt und die Utopie eines anbrechenden Friedensreiches genährt:

Du nur blick auf des Knaben Geburt mit gnädigem Auge, / welcher ein Ende der eisernen bringt und den Anfang der goldenen Zeit für die Welt ... / Frieden bringt er der Welt, mit des Vaters Kraft sie regierend.

Erst später wurde Vergil zu einem heidnischen Propheten des Friedensbringers Jesus gemacht, als die Auseinandersetzung der Kirche mit dem römischen Reich schon vorangeschritten war. Zu seinen Lebzeiten war Vergil einer gewesen, der nicht bei der Friedenserwartung und -freude blieb, sondern Augustus und seiner Friedensidee eine politische Formel anbot, welche die imperiale Mission der Friedensstiftung mit der Richtlinie unterstrich: *parcere subjectis et debellare superbos* (»die Unterworfenen schonen und die Hochmütigen niederkämpfen«).

Als Augustus im Jahre 29 v. Chr. nach Beendigung des Bürgerkrieges nach Rom zurückkehrte, war seine erste Amtshandlung die Schließung des Janustempels; dies war ein Zeichen dafür, dass nun eine Friedenszeit anbreche. Der Tempel des doppelgesichtigen – Krieg und Frieden kündenden – Gottes Janus wurde geöffnet, wenn Rom sich im Krieg befand, seine Türen wurden geschlossen, wenn alle Teile des Römischen Reiches befriedet waren.

Freilich war eine Voraussetzung dafür, dass die Türen geschlossen werden durften, ein durch römischen Sieg und die Niederlage der Feinde errungener Friede. Augustus rühmte sich, dass er aufgrund seiner militärischen Siege den Tempel dreimal schließen lassen konnte.

Vermutlich im Jahr der Weihe der *ara pacis*, im Jahr 9 v. Chr., beschlossen die Griechenstädte der Provinz Asia, den Jahresbeginn auf den 23. September, den Geburtstag des Augustus zu verlegen, da, wie es in ihrem Beschlusstext heißt, »die göttlich unser Leben durchwaltende Vorsehung, Eifer beweisend und Ehrgeiz, das vollkommenste Gut dem Leben einfügte, indem sie AUGUSTUS hervorbrachte, den sie zum Wohle der Menschen mit Tugend erfüllte, und damit uns und unseren Nachkommen den RETTER schenkte, der dem Krieg ein Ende setzte und ordnen wird den FRIEDEN«.

In einer Inschrift aus Halikarnassos, einer Stadt an der Küste Kleinasiens, die das berühmte Mausoleum beherbergte, ist der Kaiser Augustus »RETTER des allgemeinen Menschengeschlechtes« genannt, und zur Begründung ist ausgeführt: »Denn FRIEDLICH sind Land und Meer, die Städte bleiben in trefflicher Rechtsordnung, in Eintracht und Gedeihen, Blüte und Frucht trägt jegliches Gute, die Menschen sind voll guter Hoffnung auf die Zukunft, voll frohen Mutes für die Gegenwart.«

Augustus hatte die Bürgerkriege, die in der Folge der Ermordung Caesars ausgebrochen waren, erfolgreich beendet. Mit seinem Namen verbindet sich fortan das Programm der so genannten *Pax Romana Augustana*. Schon die lange Epoche seiner Herrschaft – Octavius Augustus regierte von 27 v. Chr.–14 n. Chr. – war etwas Besonderes. Dass Augustus Alleinherrscher geworden war, seine Rivalen besiegt und Bürgerkriege beendet hatte, war letztlich eine Voraussetzung für Frieden und das gewisse Wohlergehen der Völker im Mittelmeerraum.

Bereits zu Lebzeiten war der Kaiser Augustus nach seiner eigenen und der Einschätzung seiner Verehrer nicht nur ein »sterblicher Gebieter«, Augustus ließ sich als göttlich verehren. Das ist deutlich zu sehen auf der Augustusdarstellung einer kostbaren Gemme, die in der zweiten Dekade unserer Zeitrechnung (zwischen den Jahren 10 und 20) angefertigt worden ist, der so genannten »Gemma Augustea«: Sie zeigt in der oberen Hälfte, wie Kaiser Augustus als der höchste Gott, als Jupiter inthronisiert wird. In der unteren Zone der Gemme errichten römische Soldaten links eine Siegestrophäe mit den Waffen der besiegten Feinde. Ein Mann und eine Frau werden daran gefesselt. An der rechten Seite zwingen zwei Hilfstruppen andere Gefangene in Richtung der Siegestrophäe. Es werden Augustus zugeschriebene Siege gefeiert. Augustus wird von der Stadtgöttin Roma bewundert. Die Gemme charakterisiert gut den gewaltsamen Weg zum »Frieden« des Augustus.

Wie hatten die Juden und die Judenchristen den »Frieden« des Augustus erfahren? Vor kurzem hat der an der hebräischen Universität in Jerusalem tätige israelische Forscher Israel Knohl eine Interpretation neuerer Texte aus Qumran vorgelegt, die nicht nur das Jesusbild und christologische Grundfragen berührt, sondern auch die zeitgeschichtliche jüdische Auseinandersetzung mit der römischen Politik und politischen Religion besser bekannt macht. Israel Knohl vermutet mit guten Gründen, dass ein qumranischer Text, der vom »Sohn Gottes« spricht, auch »bestimmte Punkte der Augusteischen Ideologie aufgreift: die Charakterisierung des Augustus als ›Sohn Gottes‹ und die Erwähnung des Kometen, der für den Eintritt des neuen Zeitalters steht« (Knohl, S. 132), das mit Augustus als Zeit des Friedens anbrechen sollte. Bekanntlich hat dies des Kaisers Hofdichter Vergil in seiner 4. Ekloge angekündigt. Israel Knohl macht nun wahrscheinlich, dass Vergils 4. Ekloge in Judäa, unter den Essenern, der Gemeinschaft von Qumran, bekannt war. Denn: »Die Vierte Ekloge ist an den Konsul Asinius Pollio gerichtet, der ein Gönner Vergils war und zu dem Herodes eine besondere Beziehung unterhielt ... [Wir können] davon ausgehen, dass Herodes und sein Hof tatsächlich Kenntnis von der vierten Ekloge hatte, die Vergil dem Pollio widmete« (Knohl, S. 132 f.). Herodes wiederum schätzte die Essener, und Mitglieder ihrer Gemeinschaft verkehrten am Königshof in Jerusalem. Deshalb ist der Schluss erlaubt, dass in Qumran gegen die Augustäische Heilsideologie Stellung bezogen wurde. Israel Kohl zeigt detailliert, wie in qumranischen Hymnen und besonders in einem messianischen Text eine jüdisch-offenbarungsgeschichtliche Heilsverkündigung gegen die religiös-politische Roms gesetzt wird:

»Augustus gab sich als Erretter der Menschheit, und viele Menschen sahen damals tatsächlich in ihm den Heiland und Erlöser, der Frieden für die Welt brächte. ... Der Verfasser des Qumran-Textes indes widersprach dieser Sicht. Nach seiner Überzeugung war Augustus nichts weiter als ein Eroberer und Unterdrücker. Die *Pax Romana* des Augustus war kein echter Friede, sondern wurde dadurch erreicht, dass die Römer die Völker, die sie besiegt hatten, unterdrückten und zertraten. Die Herrschaft des Augustus war nicht von Dauer. Wahrer Friede und Erlösung kam erst mit dem Erscheinen des wirklichen ›Menschensohns‹, des Volkes Gottes« (Knohl, S. 125 f.).

Auf eigene Weise nimmt nun auch das Weihnachtsevangelium gegen die mit Augustus verbundene Heilbringer-Ideologie Stellung. Dass die frühen judenchristlichen

Erzähler Kontakt mit (früheren; vgl. Apg 6,7) Mitgliedern der Qumrangemeinschaft hatten und dadurch zu einer eigenen Stellungnahme mit der Geburtsgeschichte Jesu angeregt wurden, kann nicht ausgeschlossen werden. Und wie erfuhren die Gemeinden aus Juden und Heiden selbst die *pax Augustana*? Hatten die Judenchristen nicht aus Jerusalem fliehen müssen, als im Jüdischen Krieg sich die römischen Belagerungsheere der Stadt näherten? Waren die Christen nicht früh schon, in der Mitte der 60er Jahre, vom römischen Kaiser verfolgt worden? Hatte nicht Kaiser Nero den von ihm gelegten Brand Roms auf die Christen abgeschoben und sie auf vielfältige Weise in seinem Zirkus zu Tode quälen lassen? War nicht Paulus in Rom im Namen des Kaisers enthauptet, Petrus kopfunter gekreuzigt worden?

»In jenen Tagen«

Nach dem Tod Herodes des Großen hatte in Judäa und Samaria sein Sohn Archelaos als König regiert; auf gemeinsames Drängen der Judäer und Samaritaner war er vom Kaiser abberufen und nach Gallien verbannt worden. Im Jahre 6 n. Chr. wurde Judäa eine imperatorische Prokuratur im Römischen Reich. Die politische Verwaltung Judäas (und Samarias) wurde einem römischen Ritter übertragen. An die Stelle der indirekten Regierung

Roms durch seine herodianischen Vasallen trat eine direkte; die Kapitalgerichtsbarkeit sowie die Steuerhoheit wurden vom Caesar Augustus an den Prokurator in Judäa delegiert.

Und die Steuerhoheit drückte sich in der »ersten Aufzeichnung« aus. Das private Vermögen eines jeden sollte registriert werden, und die Registrierung diente einem Voranschlag über die Höhe der an den Staat abzuführenden Naturalabgaben sowie der Erhebung der Kopfsteuer (*tributum capitis*); nicht nur die Landeigner, auch die landlosen Schichten der Bevölkerung wurden nun steuerpflichtig gemacht.

Das Gebiet des Archelaos, der vornehmste Teil des Großreiches seines Vaters, Herodes des Großen, mit Judäa und Samaria, wurde in eine Provinz umgewandelt und als Prokurator wurde Coponius, ein Mann aus römischem Ritterstand, von Rom nach Jerusalem bzw. nach Cäsarea am Meer entsandt, wo der Hafen weiter ausgebaut wurde. Der Prokurator bzw. Präfekt – wie der Titel in der Pilatusinschrift aus Cäsarea lautet – empfing vom Kaiser obrigkeitliche Gewalt einschließlich des Rechts, die Todesstrafe zu verhängen.

In Cäsarea am Meer residierte später auch der römische Präfekt, der Jesus kreuzigen ließ: Pontius Pilatus. Bei den Ausgrabungen in Cäsarea wurde eine auf einem stark entstellten Baustein eingemeißelte beschädigte Inschrift aus dem Theater mit dem Namen des Präfekten von Judäa: Pontius Pilatus gefunden. Der Präfekt, so sagt die Inschrift, hat für die Schiffer das Tiberieum neu errichtet, einen Leuchtturm im Hafen der Residenz des Präfekten.

Vom Wirken des Pilatus als Präfekt in Judäa berichtet Flavius Josephus:

»Als Pilatus von Tiberius nach Judäa gesandt worden war, ließ er die Kaiserbilder, die ›Feldzeichen‹ genannt werden, nachts verhüllt nach Jerusalem hineinbringen. Am kommenden Tag rief dies bei den Juden eine sehr große Unruhe hervor; die in die Nähe der Zeichen kamen, wurden nämlich durch den Anblick zutiefst bestürzt, waren sie doch überzeugt, ihre Gesetze würden mit Füßen getreten, denn diese verbieten es, dass in der Stadt ein Bildnis aufgestellt wird. Auf die Erbitterung der Stadtbevölkerung hin strömte auch noch das Landvolk in großen Scharen zusammen.

Man machte sich nun zu Pilatus nach Caesarea auf und bat ihn inständig, die Zeichen aus Jerusalem zu entfernen und ihre väterlichen Gesetze unangetastet zu lassen. Pilatus weigerte sich, darauf warfen sie sich rings um seinen Palast auf ihr Angesicht und verharrten fünf Tage und eben so viele Nächte in dieser Haltung, ohne von der Stelle zu weichen.

Tags darauf setzte sich Pilatus in der großen Rennbahn auf seinen Richtstuhl und ließ das Volk herbeirufen, als wolle er ihm dort Antwort geben; er gab aber den Soldaten verabredungsgemäß ein Zeichen, die Juden mit der Waffe in der Hand zu umzingeln. Der unerwartete Anblick der dreifachen Schlachtreihe, die sie umstellte, machte die Juden starr vor Entsetzen; Pilatus aber drohte, sie zusammenhauen zu lassen, wenn sie die Kaiserbilder nicht dulden wollten, und gab den Soldaten schon einen Wink, die Schwerter blank zu ziehen.

Die Juden aber warfen sich wie auf Verabredung hin dicht gedrängt auf den Boden, boten ihren Nacken dar und schrieen, sie seien eher bereit zu sterben, als dass sie die väterlichen Gesetze überträten. Zutiefst erstaunt über die Glut ihrer Frömmigkeit gab Pilatus den Befehl, die Feldzeichen sofort aus Jerusalem zu entfernen« (Flavius Josephus, Jüdischer Krieg II, 169–177).

»Aufgezeichnet solle werden«

Die Geburtslegende Jesu sieht den Kaiser Augustus nicht als Friedensherrscher, sondern als Unterdrücker jüdischer Freiheit, der gegen Gottes Gesetz verstößt. Das Reizwort »aufzeichnen/Aufzeichnung« begegnet im Text gleich viermal (VV 1.2.3.5) und weckt nur negative Assoziationen. Davids Volkszählung (2 Sam 24) wird schon in

1 Chron 21 auf Satans Verführung zurückgeführt und von Gott gestraft; seither galt eine Volkszählung als ungesetzlich, Gottes Willen zuwider: »Der Zorn des Herrn entbrannte noch einmal gegen Israel, und er reizte David gegen das Volk auf und sagte zu ihm: Geh und zähle Israel und Juda!« (2 Sam 24,1). »Der Satan trat auf gegen Israel und verführte David, Israel zu zählen (1 Chr 21,1).

Flavius Josephus berichtet vom Beginn der römerfeindlichen zelotischen Bewegung: »Während der Amtszeit des ersten Präfekten verleitete ein Mann aus Galiläa mit Namen Judas die Einwohner der neuen Provinz zum Abfall, indem er es für einen Frevel erklärte, wenn sie bei der Steuerzahlung an die Römer bleiben und außer Gott noch sterbliche Herren (*despotai*) anerkennen würden« (Flavius Josephus, Jüdischer Krieg II, 118).

Die Weihnachtserzählung rückt also bei der Nennung des Kaisers Augustus nicht sein Friedensprogramm in den Blick, im Gegenteil: die Steuerhebung war der Anstoß zur zelotischen Erhebung gegen die Römer, die zum Jüdischen Krieg führte und »Rom« bei den Juden verhasst machte.

Satz 2: Die Durchführung der Aufzeichnung durch den Statthalter Quirinius und der jüdische Widerstand (Lk 2,2)

2 [2] Diese erste Aufzeichnung geschah, als Quirinius Statthalter von Syrien war.

Flavius Josephus hat auch über die Schätzung des Quirinius und dabei erneut von Judas, dem Galiläer, berichtet:

> »Quirinius, ein römischer Senator, der alle anderen öffentlichen Ämter bekleidet und bis zum Konsul durchlaufen hatte und im übrigen in hoher Achtung stand, kam nach Syria, vom Kaiser zum Gouverneur über das Volk berufen und mit der Aufgabe der Schätzung der Güter betraut. Coponius, ein Mann ritterlichen Standes, wurde mit ihm geschickt, damit er über die Judäer mit aller Vollmacht herrsche.
>
> Es kam aber auch Quirinius nach Judäa, das Teil der Provinz Syria geworden war, um ihr Eigentum zu schätzen und die Güter des Archelaos [die vom römischen Staat konfisziert wurden] zu verkaufen. Obgleich die Judäer anfangs erschrocken waren, als sie von der Registrierung hörten, ließen sie davon ab, sich weiter zu widersetzen, auf Grund des Zuredens des Hohenpriesters Joazar, des Sohnes von Boethos.
>
> Nachdem sie sich den Worten des Joazar gefügt hatten,

ließen sie ihr Eigentum schätzen ohne Bedenken. Aber ein gewisser Judas, ein Gaulaniter aus einer Stadt namens Gamala, der einen Pharisäer Saddok dazu gewonnen hatte, trieb zum Aufstand. Sie sagten, die Schätzung würde nichts anderes bringen als offene Sklaverei und riefen das Volk zur Beanspruchung der Freiheit auf. Im Falle des Erfolges würde ihr Besitz auf Glück ruhen, falls sie scheiterten, solch Geschenk zu erlangen, würden sie Ehre und Ruhm für den Mut erwerben ... Die Menschen nahmen ihre Rede mit Freude auf und das tollkühne Vorhaben machte große Fortschritte ... So wogen die Neuerung und Veränderung der väterlichen Überlieferungen schwer beim Untergang der Versammlung des Volkes. Judas und Saddok nämlich, die eine vierte Philosophenschule gegründet hatten und zahlreiche Anhänger um sich versammelt hatten, füllten sofort den Staat mit Unruhen und pflanzten durch die frühere Unbekanntheit solcher Philosophie Wurzeln der Übel, die bald wiederkehrten« (Flavius Josephus, Jüdische Altertümer XVIII, 1–6.9).

»Diese erste Aufzeichnung«

Volkszählungen dienten in der Regel der Steuererhebung und waren besonders deshalb höchst unbeliebt. Nun gab es in Israel die »erste Aufzeichnung«, und zwar auf Anordnung des Fremdherrschers, des römischen Kaisers, zum

Zweck der Steuererhebung! Denn, so hat Martin Hengel in seinem Buch über die Zeloten festgehalten: »Unmittelbar verbunden mit der Umwandlung Judäas in eine kaiserliche Provinz war die Schätzung ihres Steueraufkommens, die allerdings – vermutlich, weil er über das geschulte Personal und die größere Erfahrung verfügte – von dem neuen Legaten von Syrien, P. Sulpicius Quirinius, und nicht von dem zugleich mit jenem entsandten Prokurator Coponius durchgeführt wurde. Eine solche Vermögenseinschätzung war mit einer Volkszählung und Landaufnahme verbunden, sie wurde daher als ein Verstoß gegen das Gesetz weithin abgelehnt. Nur mit Mühe konnte der Hohepriester Joazar Sohn des Boethos das Volk dazu bewegen, die Schätzung vornehmen zu lassen. Er machte sich durch dieses Eintreten für die römischen Belange schließlich so unbeliebt, dass ihn Quirinius nach dem Census dem Volkszorn opferte und ihn absetzte.« (Hengel, S. 336 f.)

Der Galiläer Judas rief, wie Josephus berichtete, damals zum Aufstand gegen die Römer und führte mit seinen Bandenkriegern einen Partisanenkrieg gegen die Besatzung und deren Kollaborateure; er suchte, die Bevölkerung an der Befolgung des kaiserlichen Erlasses zu hindern; wie wir schon erwähnten, erklärte er es für einen Frevel, dem Kaiser die Steuern zu bezahlen und auf diese Weise außer Gott noch sterbliche Herren anzuerkennen.

Als Lukas die Weihnachtserzählung in seinem Evangelium verbreitete, schauten er und seine Zeitgenossen schon auf den Jüdischen Krieg zurück, auf den Fall Jerusalems und die Zerstörung des Tempels durch die Römer. Wenn jetzt von Steuererhebung die Rede war, dann kamen manchem auch die Münzen in den Sinn, welche Rom zum Zeichen des Sieges über Judäa mit der Inschrift *Judaea capta* prägen ließ.

Römische Provinzialmünzen sind erhalten mit der Aufschrift *Judaea capta*, die unter dem römischen Kaiser Vespasian (69–79 n. Chr.) und seinen Nachfolgern Titus (79–81) und Domitian (81–96) auf die Niederwerfung des jüdischen Aufstands (67–70 n. Chr.) für die Provinz Judäa geprägt wurden. Sie zeigen im Allgemeinen einen römischen Legionär, eine Palme und eine trauernde Witwe. Die Palme ist das Symbol für Judäa, die trauernde Witwe tauchte als biblisches Symbol für das zerstörte Jerusalem schon 650 Jahre zuvor auf, als die Babylonier Jerusalem zerstört hatten.

Die Spannungen zwischen Jerusalem und Rom hatten sich also nach 70 n. Chr. noch einmal entscheidend vertieft. Das kleine Volk der Juden – durch die Diaspora freilich im ganzen Reich gegenwärtig – war den Römern ein besonderer Dorn im Auge: nicht nur wegen der strategisch wichtigen Lage Israels auf der Landbrücke zwischen Asien und Afrika, auch wegen des Anspruchs, das »Volk Gottes« zu sein, wo doch die Römer beanspruchten, Experten in Sachen »Religion« zu sein.

Cicero hat diesen römischen Anspruch unübertrefflich zum Ausdruck gebracht: »Wenn wir unsere Leistungen mit fremden vergleichen wollen, werden wir uns in den übrigen Dingen entweder gleich oder sogar unterlegen finden; in der Religion aber, das heißt in der Verehrung der Götter (*religione, id est cultu deorum*), weit überlegen« (Cicero, De natura deorum 2,8).

»Wer nämlich ist dermaßen von Sinnen, dass er nicht erkennte: dieses Riesenreich (von Rom) ist durch der Götter Walten (*numen*) entstanden, gewachsen und erhalten worden ...; denn an Frömmigkeit (*pietas*), Religiosität (*religio*) und dieser einen Weisheit (*sapientia*), erkannt zu haben, dass durch der Götter Walten (*numen*) alles regiert und gelenkt werde, sind wir (Römer) allen Völkern überlegen« (Cicero, De haruspicum responso 9,19).

Dass in Rom der Glaube an einen gekreuzigten jüdischen Messias auf Verständnis treffen werde, war nicht zu erwarten; für Paulus war klar: für heidnische Kreise, gerade auch die Gebildeten, war die Botschaft vom Kreuz »Torheit« – und wie es das frühe Spottkreuz vom Palatin in Rom (3. Jh.) ausdrückte: Eselei. Die Ritzung in der Wand zeigt einen Beter vor einem gekreuzigten Esel, dazu die Inschrift: »Alexamenos (der Christ) betet (einen gekreuzigten Esel als) seinen Gott an!«

Satz 3: Loyal, aber frei – der Weg der Christen (Lk 2,3)

3 [3] Und alle zogen hin, sich aufzeichnen zu lassen, ein jeder in die seine Stadt.
(4 [4a] Hinaufstieg aber auch Josef …)

Der Erlass des »Friedenskaisers« Augustus führte in Palästina zum Terrorismus, zu Unruhe und Unsicherheit; die Einführung der römischen Steuer war die Geburtsstunde der zelotischen Befreiungsbewegung, welche 66 n. Chr. den Aufstand gegen Rom wagte und am Ende des Jüdischen Krieges Israel in den Untergang trieb, zum Verlust der (zuvor immer noch relativen) Selbständigkeit führte, zur Zerstörung Jerusalems und des Tempels (70 n. Chr.). Auf diesem Hintergrund wird das Verhaltens Josefs, des Vaters Jesu von Nazaret als loyal geschildert; er gehört zu denen allen, die sich aufzeichnen lassen, sich nicht von den Zeloten in den Widerstand gegen den Römischen Staat treiben lassen, der ja durchaus nahe lag.

War der Anspruch des Kaisers, »Herr« und »Retter« zu sein, für jüdische Ohren schon gotteslästerlich, so konnten die Juden Palästinas im Gefolge der »ersten Aufzeichnung« nun auch die Macht und Gewalt der Soldaten des angeblichen Friedenskaisers erfahren, den ihnen Herodes als den Garanten des Friedens propagiert hatte. Der Friede des Augustus, war eben ein auf seine Legionen, auf Waffen gestützter Friede.

Die Judenchristen – sie sehen sich zweifellos in Josef repräsentiert – hatten allerdings ebenfalls die Gewaltsamkeiten ihrer jüdischen Volksgenossen vor Augen, die sich gegen den Kaiser auf JHWH als den einzigen Herrn beriefen, und sie kannten die Rachegelüste derer, die den messianischen »Sohn Davids« als den nationalpolitischen Befreier erwarteten, auch wenn sie sich in der Gegenwart etwa dem römischen Joch fügten wie die Pharisäer, die beteten: »Sieh zu Herr, und richte ihnen auf ihren König, den Sohn Davids, / zu der Zeit, die du ausersehen, o Gott, / über Israel, deinen Knecht zu herrschen, / und umgürte ihn mit Stärke, / zu zermalmen ungerechte Fürsten, / zu reinigen Jerusalem von Heidenvölkern ..., / mit eisernem Stab zu zerschlagen all ihren Bestand« (Psalmen Salomos 17,21–24).

Die Judenchristen hatten auch, wie das Johannesevangelium uns wissen lässt, die Verleugnung des Alleinvertretungsanspruchs JHWHs auf das Königtum über Israel durch die Hohenpriester vor Augen; das vierte Evangelium erzählt ja vom Prozess Jesu vor Pilatus: »Es war am Rüsttag des Paschafestes, ungefähr um die sechste Stunde. Pilatus sagte zu den Juden: Da ist euer König! Sie aber schrien: Hinweg, hinweg, kreuzige ihn! Pilatus aber sagte zu ihnen: Euren König soll ich kreuzigen? Die Hohenpriester antworteten: Wir haben keinen König außer dem Kaiser!« (Joh 19,14–15). Mit dem Ruf »Hinweg, hinweg«, der auf die Entfernung allen Sauerteigs aus den Häusern in Israel um diese Stunde vor dem Pesachfest anspielt, wird Jesus als Irrlehrer-Sauerteig gebrandmarkt, während die Hohenpriester die größte Irrlehre äußern: der römische Kaiser sei der König Israels! Solches Paktieren mit dem Staat war den ersten Gemeinden unvorstellbar und blieb auch später eine Grenze, welche die Kirche nicht überschritt. Die Christen gehen einen eigenen Weg, loyal, aber frei.

Jesus von Nazaret hatte sich von der zelotischen Bewegung klar distanziert. Am Dienstag in der Karwoche wurde ihm im Jerusalemer Tempelbezirk von einigen Pharisäern und Herodianern – Anhängern des herodianischen Königshauses – im Auftrag des Hohen Rates die Frage vorgelegt, ob es erlaubt sei, dem Kaiser Steuern zu zahlen.

Die Fragesteller in der Erzählung der Evangelien – wie halten uns an den ältesten Bericht in Mk 12,13–17 – beginnen heuchlerisch, Jesus eine neue Falle zu stellen. Sie sollen Jesus zu einer unbedachten Äußerung verleiten und damit »fangen«. Sie reden Jesus mit »Lehrer« und einer ausführlichen *captatio benevolentiae* an: Der Lehrer, der als wahrhaftig und unabhängig gilt, nicht Menschen zu Gefallen, sondern auf Wahrheit gegründet den Weg Gottes, den von Gott geforderten Wandel, lehrt, soll sich zu einer Gewissensfrage äußern.

Vom jüdisch religiösen Standpunkt aus wird nach der Erlaubtheit der Zahlung der Kaisersteuer, der 7 n. Chr. in Judäa und Samaria eingeführten Kopf- und Grundsteuer, gefragt, nicht etwa von einem »bürgerlichen« Standpunkt aus nach bürgerlichen Pflichten. Das jüdische Volk war, wie wir schon erfuhren, in der Frage der Kaisersteuer geteilt; die mit den Römern kooperierenden Führer konnten und wollten nicht opponieren, die Zeloten hingegen sahen in der Steuer ein Symbol der Knechtschaft, in der Steuerzahlung an den Kaiser, der sich besonders im Orient als Gott verehren ließ, Götzendienst und Abfall von Gott; sie hatten zur Steuerverweigerung aufgerufen.

Die in der Idee der Theokratie mit den Zeloten verbundenen Pharisäer vertraten unter Berufung auf den Propheten Daniel die Auffassung, dass man bis zur ersehnten und im Gebet erflehten endzeitlichen Erlösung den Fremdherrscher tragen müsse. Man dürfe Gottes Initiativen nicht vorgreifen:

»Gott bestimmt den Wechsel der Zeiten und Fristen; er setzt Könige ab und Könige ein. Er gibt den Weisen die Weisheit und den Einsichtigen die Erkenntnis« (Dan 2,21). »Über die Herrschaft bei den Menschen gebietet der Höchste; er verleiht sie, wem er will« (Dan 4,14).

Die Alternativfrage, die Jesus gestellt wurde, war eine Falle: Entweder würde Jesus Steuerverweigerung und damit politischen Aufruhr oder Steuerzahlung und damit Götzendienst lehren. Jesus geht nicht in diese Falle; er durchschaut die Heimtücke, die sich an ihrem Wortreichtum verrät. Er antwortet vorwurfsvoll mit der Frage nach dem Grund dieser Prüfung und lässt sich einen Denar zeigen. Er wechselt auf die Ebene »nonverbaler Kommunikation« über und sticht durch »die Tücke des Objekts« die Gegner aus.

Der Denar, von dem die Rede ist, wird eine weit verbreitete Silbermünze gewesen sein, die auf der Vorderseite das Brustbild des Kaisers Tiberius mit dem Lorbeerkranz als dem Zeichen göttlicher Würde zeigte; die Umschrift sprach vom »Sohn des göttlichen Augustus«. Auf der Rückseite war mitunter die Mutter des Kaisers auf einem Götterthron dargestellt.

Jedenfalls: Der Kaiserkopf auf der Münze in der Hand eines Juden tangiert das Bilderverbot, auch die Inschrift war anstößig. Überdies können Jesu Gegner nicht umhin festzustellen, dass der von ihnen vorgezeigte Denar Bild und Aufschrift des Kaisers trägt, sich somit als Eigentum des Kaisers zu erkennen gibt.

So fällt es Jesus nicht schwer, anhand der Münze die versucherische Frage so zu entscheiden, dass er mit seinem Wort in keine Falle gerät und dass keine weiteren Versuche mehr unternommen werden, ihn auszufragen. Er braucht nur aus der Natur der Sache zu argumentieren: Des Kaisers Eigentum soll man dem Kaiser zurückgeben. Aber auch, so fügt er hinzu, Gottes Eigentum Gott! Gottes Eigentum ist der Mensch, der Gottes Bild trägt, ist sein Volk, das er sich zum Eigentum erworben hat.

Statt einer Theokratie proklamiert Jesus die eschatologische Sammlung Israels: Der Mensch schuldet sein Herz, sich selbst Gott. Allein schon deshalb und noch mehr im Blick auf Gott als den alleinigen Herrn wiegt die zweite Forderung unendlich schwerer als die erste. Jesus hebt allerdings die Konkurrenz zwischen Gott und Kaiser insofern auf, als seine Verkündigung nicht auf die jüdische Theokratie zielt, sondern auf die eschatologische Sammlung Israels durch Umkehr und neue Gerechtigkeit, die aus Gottes Vergebung entspringt. Jesus lässt neben Gott keinen zweiten absoluten Wert gelten – und er kann darum der weltlichen Herrschaft ihr relatives Recht zukommen lassen, solange sie Gottes Herrschaft und Gottes

Eigentum, den Menschen und das von ihm gesammelte Eigentumsvolk, nicht antastet.

Die Urgemeinde hatte Grund, ihre Loyalität gegenüber der römischen Macht zu betonen, der Jesus durch seine Gegner als politischer Rebell ausgeliefert worden war. Auch sie sah nicht die Steuerfrage, sondern die Frage des Gehorsams gegen Gott als den Testfall des Glaubens an. Sie hielt mit Jesus daran fest, dass niemand zwei Herren dienen kann (Mt 6,24), und war damit auch für den Konfliktfall gerüstet. Ihre »politische Option« gehörte weder dem Kaiser noch dessen zelotischen Feinden, sondern, wie sie im Weihnachtsevangelium formulierte, Jesus, dem *Kyrios* und *Soter*, dem Herrn und Heiland, und dessen Friedensbotschaft.

So wenig dieser Herr seine Nachfolger auf ein unpolitisches Leben verpflichtet, so wenig bindet er sie an politische Heilsvorstellungen eines idealen Staates. Er weist ihnen einen eigenständigen Weg der Vergesellschaftung als »Volk Gottes«, ein Volk von Steuer zahlenden »Beisassen« und »Fremdlingen« (1 Petr), in dem die dem Staat entrichtete Steuer bzw. das Einkommen keine »Klassen« begründet, in dem Besitz und Geld vielmehr ganz dem Gedeihen des Volkes und dessen schöpferischer Weltgestaltung dienstbar gemacht werden.

Dass der steuerfressende Staat, der seine Untertanen

zu Abgaben zwingt, dass der Kaiser als sein Repräsentant nicht der »Heiland« der Welt ist, konnte die Urgemeinde im gespannten politischen Umfeld Judäas tagtäglich erfahren. Ihre Erfahrung ist auch in der nachfolgenden Geschichte bis auf den heutigen Tag nicht widerlegt worden, auch nicht durch so genannte christliche Staaten. Im Gegenteil, aufs Ganze gesehen, haben sich die Verbindungen von Staat und Kirche, Thron und Altar, als verhängnisvoll erwiesen, weil der Unterschied zwischen dem, »was dem Kaiser gehört«, und dem, »was Gott gehört«, verwischt wurde.

Jesus hatte überdies seine Verkündigung der Gottesherrschaft mit der deutlichen Forderung nach Gewaltlosigkeit verbunden; im Garten Getsemani hatte er den Schwertschläger in die Schranken verwiesen: »Wer zum Schwert greift, wird durch das Schwert umkommen!« (Mt 26,52). Das frühe Judenchristentum ist so in den Widerstand gegen zwei Seiten gespannt; zu Beginn des Jüdischen Krieges sind die judäischen Gemeinden folgerichtig zusammen mit der Jerusalemer Urgemeinde ins Ostjordanland ausgewandert.

Das Weihnachtsevangelium erzählt, wie die Eltern Jesu dem Kaiser geben, was des Kaisers ist, und nach Betlehem ziehen, um sich aufzeichnen zu lassen. Aber es lässt ebenso bewusst – in der Zeit der Unterdrückung Israels durch den

Fremdherrscher – Jesus als den Retter, Herrn und Friedensfürsten durch Gottes Engel proklamieren. Und die Akklamation dieses Friedensfürsten ist nicht von Soldaten geleistet, sondern von der himmlischen Heerschar. Gegen den Kaiser steht das Kind in der Krippe, der gekreuzigte Christus.

Satz 4–6: Streit um den »Sohn Davids« (Lk 2,4–5)

4 [4] Hinaufstieg aber auch Josef von Galiläa aus der Stadt Nazaret nach Judäa in die Stadt Davids, die Betlehem heißt,
5 weil er aus dem Haus und Geschlecht Davids war,
6 [5] um sich aufzeichnen zu lassen mit Maria, der ihm Angetrauten, die schwanger war.

Von den frühen Christen wird nun auch der nationalpolitischen Auslegung der jüdischen Messiaserwartung eine Bestimmung des CHRISTUS entgegengesetzt, die – zweifellos von Jesus selbst inspiriert – sich aus alttestamentlich-prophetischer Verheißung speist.

War das erste »Reizwort« der Geburtslegende Jesu »aufzeichnen/Aufzeichnung«, so ist das zweite der Name »David« in den Wendungen »Stadt Davids« (VV 4.11) und »Haus und Geschlecht Davids« (V 4) und damit auch »Betlehem« (VV 4.15).

In dem Vers im Zentrum der ganzen Komposition, in dem die dem Kaiser bestrittenen Titel genannt werden, ist auch von der »Stadt Davids« die Rede (V 11).

Betlehem ist die Stadt Davids. Wie hier David hinter den Herden hervorgeholt wurde, um König in Israel zu sein, so wird aus Betlehem der Messias erwartet. Welchen Weg wird der Messias gehen? Als Konkurrent des Kaisers? In der Spur der Zeloten? Oder als Mitte eines erneuerten, kleinen, aber in seiner Solidarität starken Volkes?

Der Weg nach Betlehem führt über Jerusalem – aber in Betlehem setzt gemäß der Verheißung Gott noch einmal neu an:

»Aber du, Betlehem-Efrata, so klein unter den Gauen Judas, aus dir wird einer hervorgehen, der über Israel herrschen soll. Sein Ursprung liegt in ferner Vorzeit, in längst vergangenen Tagen« (Micha 5,1).

Es ist kein bloßer Zufall, dass das Zentrum der ganzen Weihnachts-Erzählung ihr 14. Baustein ist; denn die »Vierzehn« ist, wie wir schon beschrieben haben (vgl. S. 24 f.) die Zahl Davids (der Zahlenwert der hebräischen Buchstaben des Namens DWD ist 4 + 6 + 4 = 14).

Jesus, der »erstgeborene Sohn«, der »aus dem Hause und Geschlechte Davids« stammt und in Betlehem, »Davids Stadt«, geboren wurde, ist als der Messias der wahre »Sohn Davids«. Der Titel »Sohn Davids« wird in der Frohbotschaft des Engels wohl bewusst gemieden, weil er allzu leicht auf die Fährte national-politisch und zelotisch gefärbter Messias-Sohn-Davids-Erwartung führt. Der Ton ist auf Erwartungen verlagert, die mit Betlehem, der Stadt Davids, und mit dem Haus und Geschlecht Davids verbunden sind und an prophetische Verheißungen erinnern, die eine Auslegung des Christus, des Retters und Herrn, als des wahren Friedensfürsten erheischen.

Jesus selbst hat später, am Dienstag vor seinem Tod, in Jerusalem zur Sohn-Davids-Messianologie Stellung genommen:

> »Als Jesus im Tempel lehrte, sagte er: ›Wie können die Schriftgelehrten behaupten, der Messias sei der Sohn Davids? Denn David hat, vom Heiligen Geist erfüllt, selbst gesagt: Der Herr sprach zu meinem Herrn: Setze dich mir zur Rechten, und ich lege dir deine Feinde unter die Füße. David selbst also nennt ihn Herr. Wie kann er dann Davids Sohn sein?‹« (Mk 12,35–37a).

Zunächst geht Jesus gegen die zeitgenössische Vorstellung vom politischen Messiaskönig, dem »Sohn Davids« an. Und Jesus agumentiert schriftgemäß mit Psalm 110, einem David zugeschriebenen Psalm, in dem dieser, vom Heiligen Geist inspiriert, den Messias seinen Herrn nennt.

Wer ist dann aber für Jesus der Messias? Zweifellos setzt Jesus – wie manche andere seiner Worte belegen – voraus, dass den Platz zur Rechten Gottes »der Menschensohn« einnimmt, wie es auch in einem weiteren Psalm gesagt ist: »Deine Hand schütze den Mann zu deiner Rechten, / den Menschensohn, den du für dich groß und stark gemacht hast« (Ps 80,18). Und dass es der Menschensohn ist, dem Gott alles unter die Füße gelegt hat, ließ sich schließlich einem weiteren Psalm entnehmen: »Was ist der Mensch, dass du an ihn denkst, / der Menschensohn, dass du seiner dich annimmst? / Du hast ihn nur wenig geringer gemacht als Gott, / hast ihn mit Herrlichkeit und Ehre gekrönt. / Du hast ihn als Herrscher eingesetzt über das Werk deiner Hände, / hast ihm alles zu Füßen gelegt« (Ps 8,5–7).

Im Targum (der frühjüdischen freien Übersetzung) zu Psalm 8 ist der Menschensohn auch messianisch individualisiert; Jesu Auslegung bedient sich also ganz der jüdischen Tradition des Wahrnehmens und Deutens von Stichwortverbindungen. Er überbietet die gängige Sohn-Davids-Messianologie durch die Menschensohnchristologie, die für ihn ja dann zentral geworden ist, gerade auch in den Aussagen über den leidenden Menschensohn.

Ihn hat man später immer neu im »Krippenkind« schon angedeutet gesehen; manche Weihnachtslieder singen davon:

Er kommt aus seines Vaters Schoß
Und wird ein Kindlein klein;
Er liegt dort elend, nackt und bloß,
in einem Krippelein. (Nikolaus Herman, 1560)

Satz 7–9: Das Krippenkind (Lk 2,6–7)

7 [6] Es geschah aber, während sie dort waren: Erfüllt
wurden die Tage, dass sie gebären sollte.
8 [7] Und sie gebar ihren Sohn, den Erstgeborenen.
9 Und sie wickelte ihn und bettete ihn in einer Krippe
(weil sie keinen Platz hatten in der Unterkunft).

Nachdem die Geburtslegende die Eltern Jesu nach Betlehem geführt hat, wird von der verborgenen Geburt des Messias »aus Davids Haus und Geschlecht« in »Davids Stadt« erzählt.

Vermutlich steht hier, wie Martin Hengel in einem Artikel im »Theologischen Wörterbuch zum NT« aufgewiesen hat, im Hintergrund »ein judenchristlicher legendärer Midrasch, entfernt vergleichbar mit den Erzählungen von der verborgenen Geburt des Messias in Betlehem oder der geheimen Geburt Abrahams in einer Höhle« (Bd. IX, S. 56).

In den jüdischen Legenden bekleidet Abrahams Mutter

den Sohn nach der Geburt mit einem Stück ihres eigenen Gewandes, die Mutter des Messias erhält Leinenzeug für ihren Sohn. Das Wickelkind in der Krippe wird in Jesu Geburtslegende zum messianischen »Zeichen«.

Das »messianische Zeichen«

Peter Stuhlmacher vertritt in seinem Buch »Die Geburt des Immanuel« die Auffassung: »Die Rede von der sorgsamen Windelung des Kindes erklärt sich am besten auf dem Hintergrund von Ez 16,4–6« (Stuhlmacher, S. 51). An dieser Stelle heißt es: »Wie war es denn bei deiner Geburt? Als du geboren wurdest, hat man deine Nabelschnur nicht abgeschnitten. Man hat dich nicht mit Wasser abgewaschen, nicht mit Salz eingerieben, nicht in Windeln gewickelt. Nichts von all dem hat man getan, niemand zeigte dir seine Liebe, niemand hatte Mitleid mit dir, sondern am Tag deiner Geburt hat man dich auf freiem Feld ausgesetzt, weil man dich nicht haben wollte. Da kam ich an dir vorüber, sah dich blutig daliegen und zappeln; und ich sagte zu dir, als du blutverschmiert da lagst: Bleib am Leben!« (Ez 6,4–6).

»Der einzig-eine Gott hat das noch in seinem Blut zappelnde Findekind im Wüstensand gefunden, und es hat nur überlebt, weil Gott sich seiner erbarmt hat. Mit dem Jesuskind steht es ganz anders. Es wird von seiner Mutter angenommen, versorgt und in Windeln gewickelt. Der messianische Erlöser ist bei den Menschen, die Gott zu seinem Empfang erwählt und berufen hat, willkommen« (Stuhlmacher, S. 51).

Die Krippe

Weil kein anderer geeigneter Platz zur Verfügung stand, legt Maria ihren Sohn in eine Futterkrippe (oder einen Futtertrog; vgl. Lk 13,15). Solche Krippen (Tröge) konnten aus Holz, Stein oder auch Lehm bestehen. Mit der ›Herberge‹ (griechisch: *katalyma*), von der Lukas schreibt, ist kein Gasthof oder eine Karawanserei gemeint wie in Lk 10,34, sondern nur eine Unterkunft. Wem sie gehörte, sagt Lukas nicht. Die Krippe kann sich in einem einfachen (Bauern-)Haus befunden haben, in dem Menschen und Tiere unter einem Dach lebten. Sie kann aber auch in einem separaten Raum gestanden haben, in den Maria für die Geburt ausgewichen ist. In der Gegend von Betlehem werden seit alters Felshöhlen als Stallungen benutzt.

Die Tradition von der Geburtsgrotte in Betlehem, wo auch der Trog zu suchen ist, ist ziemlich alt. Schon in der Mitte des 2. Jahrhunderts schrieb der aus Samarien stammende Philosoph und Märtyrer Justin: »Damals aber, als der Knabe in Betlehem geboren wurde, nahm Josef, da er in jenem Dorfe nirgends Unterkunft finden konnte, in einer Höhle in der Nähe des Dorfes Quartier« (Justin, Dialog mit dem Juden Tryphon 78,4).

Jedenfalls ist der Kontrast zu einer Geburt im Kaiserpalast drastisch markiert. Der erwachsene Jesus wird später im Blick auf Johannes den Täufer ähnlich argumentieren:

»Was habt ihr denn sehen wollen, als ihr in die Wüste hinausgegangen seid? Ein Schilfrohr, das im Winde schwankt? Oder was habt ihr sehen wollen, als ihr hinausgegangen seid? Einen Mann mit feiner Kleidung? Leute, die fein gekleidet sind, findet man in den Palästen der Könige!« (Mt 11,7–8).

Der »Erstgeborene«

Das neugeborene Kind wird ausdrücklich der »Erstgeborene« genannt. Im Horizont biblischen Denkens und Sprechens ist damit nicht nur das erste männliche Kind im Blick, sondern – vor allem in der Rede von Gottes »Erstgeborenem« – auch dessen einmalige Beziehung zu Gott. Das Stichwort »Erstgeborener« (griechisch: *prōtotokos*) erinnert zunächst an wichtige Stellen der Heiligen Schrift Israels, die das Gottesvolk und seinen Messias im Blick haben: »Der Herr sprach zu Mose: Sag zum Pharao: So spricht JHWH: Israel ist mein erstgeborener Sohn. Ich sage dir: Lass meinen Sohn ziehen, damit er mich verehren kann!« (Ex 4,21–23).

Vom erhofften Messias heißt es: »Er wird zu mir rufen: Mein Vater bist du, mein Gott, der Fels meines Heiles. Ich mache ihn zu erstgeborenen Sohn, zum Höchsten unter den Herrschern der Erde« (Ps 89,27–28).

Der erstgeborene Sohn ist – in seiner messianischen Bedeutung verstanden – der von Gott erwählte und geliebte Sohn. In den frühjüdischen »Psalmen Salomos« und im 4. Esrabuch kommt das besonders deutlich zum Ausdruck in der Gleichsetzung von Erstgeborener = Einziger = Auserwählter = Geliebter: »Er wird den Gerechten ermahnen wie einen geliebten Sohn, / und seine Züchtigung ist wie die eines Erstgeborenen« (Psalmen Salomos 13,9).

> »Nun aber, Herr, siehe, wie jene Völker, die für nichts erachtet wurden, uns beherrschen und uns zertreten. Wir jedoch, dein Volk, das du deinen Erstgeborenen, Einzigen, Auserwählten, Liebling genannt hast, sind ihren Händen ausgeliefert« (4 Esra 6,57–58).

Der Erstgeborene der ganzen Schöpfung

Im Konzert der neutestamentlichen Stimmen wird Jesus so oft als der »Erstgeborene« gepriesen, dass sich auch der Vers aus dem Weihnachtsevangelium nicht entziehen kann, hier mitzuschwingen; im Hymnus des Kolosserbriefs heißt es von Jesus Christus, dem »geliebten Sohn« (Kol 1,3): »Er ist das Ebenbild des unsichtbaren Gottes, der

Erstgeborene der ganzen Schöpfung ... Er ist der Ursprung, der Erstgeborene der Toten; so hat er in allem den Vorrang« (Kol 1,15.18).

Auch die Offenbarung des Johannes (1,5) nennt ihn: »der Erstgeborene der Toten«. Im Römerbrief nennt Paulus Jesus Christus »den Erstgeborenen von vielen Brüdern«, die von Gott im voraus dazu bestimmt wurden, »an Wesen und Gestalt seines Sohnes teilzuhaben« (Röm 8,29). Schließlich spricht auch der Hebräerbrief vom »Erstgeborenen« in einer Kritik einer unzureichenden Engelchristologie, als sei Jesus im Rang eines Engels zu orten: »Er ist um so viel erhabener geworden als die Engel, wie der Name [HERR], den er geerbt hat, ihren Namen überragt. Denn zu welchem Engel hat er jemals gesagt: Mein Sohn bist Du, heute habe ich dich gezeugt [Ps 2,7], und weiter: Ich will für ihn Vater sein, und er wird für mich Sohn sein [2 Sam 7,14]? Wenn er aber den Erstgeborenen wieder in die Welt einführt, sagt er: Alle Engel Gottes sollen sich vor ihm niederwerfen [Dtn 32,43G]« (Hebr 1,4–6).

Schließlich darf man im Weihnachtsevangelium auch mithören: Der Erstgeborene Gottes, Jesus von Nazaret, nicht der Höchste unter den Herrschern der Erde, Kaiser Augustus, bringt den wahren Frieden.

Satz 10–12: Die Hirten, das messianische Gefolge (Lk 2,8–10a)

10 [8] Und Hirten waren in derselben Gegend im Freien
und hielten Nachtwache bei ihrer Herde.
11 [9] Und ein Engel des Herrn trat zu ihnen und die
Herrlichkeit des Herrn umstrahlte sie.
12 Und sie fürchteten sich in großer Furcht; [10] doch es
sprach zu ihnen der Engel:

Im Mittelstück der ganzen Erzählung werden die »Hirten« eingeführt, nicht als Vertreter der outcasts, sondern als Repräsentanten des davidisch-messianischen Milieus; das Hirtenvolk empfängt die Botschaft von der Geburt des messianischen Hirten auf dem Hirtenfeld um Betlehem, auf dem schon David seine Schafe weidete.

Das »Hirtenmilieu«

Der »Sohn Davids« kommt wie David selbst aus dem Hirtenmilieu. Von David lesen wir in den Psalmen: »Und JHWH erwählte seinen Knecht David; / er holte ihn weg von den Hürden der Schafe, von den Muttertieren nahm er ihn fort, / damit er sein Volk Jakob weide und sein Erbe Israel. / Er sorgte als Hirt für sie mit lauterem Herzen / und führte sie mit klugen Händen« (Ps 78,70–72).

In einer anderen messianisch gedeuteten Psalm-Stelle heißt es: »Er wird zu mir rufen: / Mein Vater bist du, mein Gott, der Fels meines Heils. / Ich mache ihn zum erstgeborenen Sohn, / zum Höchsten unter den Herrschern der Erde. / Auf ewig werde ich meine Huld bewahren, / mein Bund mit ihm bleibt allezeit bestehen. / Sein Geschlecht lasse ich dauern für immer / und seinen Thron, solange der Himmel währt« (Ps 89,27–30)

Dass die Hirten »in derselben Gegend«, also in der Nähe Betlehems, im Freien ihre Herden hüten, soll wohl auch an die Tradition vom »Herdenturm« erinnern, von dem der Prophet Micha (4,8) sprach und der in frühjüdischer Überlieferung bei Betlehem lokalisiert wurde, verbunden mit der Erwartung, von hier aus werde der Messias offenbar werden. Damit rückt, zumal angesichts der Geburt Jesu in Betlehem, in Davids Stadt, die so betont ist, die Verheißung des Propheten Micha in den Blick: »Aber du, Betlehem-Efrata, so klein unter den Gauen Judas, aus dir wird einer hervorgehen, der über Israel herrschen soll. Sein Ursprung liegt in ferner Vorzeit, in längst vergangenen Tagen. Darum gibt der Herr sie preis, bis die Gebärende einen Sohn geboren hat. Dann wird der Rest seiner Brüder heimkehren zu den Söhnen Israels. Er wird auftreten und ihr Hirt sein in der Kraft des Herrn, im hohen Namen JHWHs, seines Gottes. Sie werden in Sicherheit leben, denn nun reicht seine Macht bis an die Grenzen der Erde. Und es wird FRIEDE sein« (Micha 5,1–4a).

Da Israel preisgegeben ist an die Herrschaft des Kaisers, der die »erste Aufzeichnung« vornehmen lässt, hat in Betlehem »die Gebärende einen Sohn geboren«, einen neuen »Hirten«, der den Frieden bringt.

Der Messias kommt aus Betlehem

Im Matthäusevangelium wird in der Magiergeschichte der Prophet Micha ausdrücklich von den vom König Herodes versammelten Hohenpriestern und Schriftgelehrten zitiert, welche die Frage beantworten sollen, »wo der Messias geboren werden solle«: »Sie antworteten ihm: In Betlehem im Gebiet von Juda; denn so steht es geschrieben bei dem Propheten« (Mt 2,4–5).

Im Johannesevangelium wird in einer Auseinandersetzung unter Jesu jüdischen Zeitgenossen gegen seine Messianität eingewandt, dass er doch nicht aus Betlehem komme, sondern aus dem unbedeutenden Nest Nazaret: »Einige aus dem Volk sagten, als sie Jesu Worte hörten: Er ist wahrhaftig der Prophet. Andere sagten: Er ist der Messias. Wieder andere sagten: Kommt denn der Messias aus Galiläa? Sagt nicht die Schrift: Der Messias kommt aus dem Geschlecht Davids und dem Dorf Betlehem, wo David lebte« (Joh 7,40–42).

Dass der Messias den Frieden bringen werde, ist, was wichtig ist, eine Hoffnung, die nicht nur der Prophet Micha formuliert hat.

Der demütige Friedenskönig

Auch von dem vom Propheten Sacharja angekündigten gerechten und demütig auf dem Esel reitenden Messias – schon ein Gegenbild gegen den Welteroberer Alexander den Großen, der auf seinem Streitross Bukephalos in Jerusalem einritt, damit auch Gegenbild gegen dessen »Nachfolger« Augustus – heißt es: »Er verkündet für die Völker den Frieden; seine Herrschaft reicht von Meer zu Meer und vom Eufrat bis an die Enden der Erde« (Sach 9,10).

Zu dieser Verheißung gesellen sich die Ankündigungen in den Psalmen: »Dann tragen die Berge Frieden für das Volk / und die Höhen Gerechtigkeit. / Er wird Recht verschaffen den Gebeugten im Volk. / Hilfe bringen den Kindern der Armen, / er wird die Unterdrücker zermalmen« (Ps 72,3–4).

In der Mitte des Weihnachtsevangeliums wird nun die Geburt dieses Friedensbringers, der aus Betlehem kommt, vom Engel des Herrn verkündigt.

Satz 13–15: Jesus von Nazaret, der Messias, der Retter und Herr

13 »Fürchtet euch nicht! Denn siehe, ich frohbotschafte euch große Freude, welche zukommen wird dem ganzen Volk.

14 [11] Denn geboren wurde euch heute ein RETTER, der ist CHRISTUS, HERR, in Davids Stadt.

15 [12] Und dies sei euch das Zeichen: Finden werdet ihr ein Neugeborenes, gewickelt und in einer Krippe liegend.

Die Offenbarung des Messias, der in Davids Stadt verborgen geboren wurde, ist in das Zentrum der Geburtslegende Jesu gestellt; die Verkündigung seiner Geburt in der Stunde der Not (der Zeit der »ersten Aufzeichnung«) geschieht durch Gottes Boten, den »Engel des Herrn«.

Nicht nur die Gattung der »Geburtsverkündigung«, welche durch die Königsrituale beeinflusst ist und die hier mit Elementen der »Geburtsankündigung des Retters« verschmolzen ist, sondern auch direkte Bezugnahmen (mit den Stichworten »Gegend-Land«, »strahlen«, »Volk« und vor allem »große Freude«) machen sicher, dass zur Engelverkündigung die Ankündigung des Propheten Jesaja mitgehört werden soll:

»Das Volk, das im Dunkel lebt, sieht ein helles Licht;

über denen, die im Land der Finsternis wohnen, leuchtet ein Licht auf. Du erregst lauten Jubel und schenkst große Freude. Man freut sich deiner Nähe, wie man sich freut bei der Ernte, wie man jubelt, wenn die Beute verteilt wird. Denn wie am Tag von Midian zerbrichst du das drückende Joch, das Tragholz auf unserer Schulter und den Stock des Treibers. Jeder Stiefel, der dröhnend daherstampft, jeder Mantel, der mit Blut befleckt ist, wird verbrannt, wird ein Fraß des Feuers. Denn uns wird ein Kind geboren, ein Sohn wird uns geschenkt. Die Herrschaft liegt auf seiner Schulter, und man nennt ihn: wunderbarer Ratgeber, starker Gott, Vater in Ewigkeit und Friedensfürst. Seine Herrschaft ist groß, und der Friede hat kein Ende. Auf dem Thron Davids herrscht er über sein Reich; er festigt und stützt es durch Recht und Gerechtigkeit, jetzt und für alle Zeiten. Das vollbringt der Eifer des Herrn der Heere« (Jes 9,1–6).

Der Friedensfürst wird kein Herrscher sein, der mit seinen Soldaten, seinen Kohorten und Legionen, den Frieden durch Unterdrückung und Abschreckung aufrecht erhält, aber auch nicht der Freiheitsheld an der Spitze von Aufständischen, Partisanen, zelotischen Bandenkriegern. Im Gegenteil, Soldatenstiefel und Soldatenmäntel, Fraß des Feuers, zählen nicht mehr; was zählt ist das helle Licht der Wahrheit, des Rechts und der Gerechtigkeit, das in den messianischen Gemeinden als »Licht der Welt« leuchten soll.

Grosse Freude, die allem Volk widerfahren wird

Claus Westermann hat angemerkt:

»Die Botschaft, die der Engel den Hirten verkündet, ist nach Motiven der messianischen Verheißungen gestaltet. Besonders deutlich klingt Jes 9,1–6 an. Auch hier ergeht eine Freudenbotschaft an das Volk, das im Finstern wohnte, auch hier besteht sie in der Ankündigung der Geburt eines Kindes, des Heilskönigs. Dass in Lk 2 die messianischen Verheißungen im Hintergrund stehen, ist allein schon aus der Bedeutung Betlehems als der Stadt Davids sicher zu erweisen.« (Westermann, S. 317–327)

Für das Verständnis von Lk 2,9–12 ist wichtig, dass in den messianischen Verheißungen der Heilskönig niemals, in keinem der Texte, durch eine Kriegstat, etwa durch die Unterwerfung der Feinde des Gottesvolkes, zur Herrschaft gelangt; immer wird der Heilskönig durch seine Geburt zum König, er wird als Heilskönig geboren. So ist es auch in Jes 9,1–6.

Das ist aber nicht so zu verstehen, als sei die Geburt als solche schon die Rettung, als vollziehe sich die Rettung mit der Geburt des Heilskönigs; erst mit seinem Herrschaftsantritt wird die Heilszeit heraufgeführt (9,6). Dementsprechend ist auch in Lk 2 das Eintreten des in der Freudenbotschaft Angekündigten ein zukünftiges Ereignis: »große Freude, die allem Volke widerfahren wird«.

Sie wird allem Volk widerfahren, das den Umkehrruf Jesu und seine Proklamation der Nähe der Gottesherrschaft nicht zurückweist und den Gekreuzigten als den wahren Herrn anerkennt.

Der Retter und Herr

Der Heilskönig, dessen Geburt der Engel Gottes vor den Hirten auf Betlehems Fluren verkündigt, ist RETTER (*soter*), dessen Herrschaftsantritt mit seiner Kreuzigung (auf welche die ärmliche Geburt schon hinweisen mag) und Auferweckung (auf welche die Proklamation und Akklamation der Engel hinweisen mag) beginnt, und HERR (*kyrios*), der Gottes Herrschaft ausruft und als der Gekreuzigte und Erhöhte repräsentiert.

RETTER ist hier nicht in der Tradition der hellenistischen Herrscherideologie zu hören, der Titel ist im unmittelbaren Kontext der judenchristlichen Erzählung zunächst aus seinen alttestamentlichen und jüdischen Voraussetzungen heraus zu verstehen, er ist aber im weiteren Kontext der Gesamtkomposition ebenfalls auf den vom Kaiser gebrauchten Titel hin transparent.

Die messianischen Erwartungen in Israel wurden gerne mit den Vorbildern der Richterzeit verknüpft; so heißt es zum Beispiel von den Richtern Othniel und Ehud: »Als sie zum Herrn um Hilfe schrien, schickte er den Israeliten einen RETTER, der sie befreite. Als sie dann zum Herrn um Hilfe schrien, schickte er den Israeliten einen RETTER: Ehud, den Sohn des Gera, aus dem Stamm Benjamin« (Ri 3,9.15).

In der Septuaginta wird in der griechischen Übersetzung von 1 Sam 10,1 auch Saul RETTER genannt; und schließlich kündigt in der Mosesüberlieferung des frühen Judentums auch dessen Schwester, die Prophetin Mirjam, ihren Bruder als RETTER an.

Der *soter* Jesus von Nazaret ist also kein selbsternannter oder durch die Akklamation von unterworfenen Untertanen ernannter RETTER; Gott, der selbst der RETTER schlechthin ist, hat ihn durch seinen Boten ankündigen lassen, er hat ihn gesandt. Und die christlichen Gemeinden erwarten seine Wiederkunft: »Unsere Heimat aber ist im Himmel. Von dorther erwarten wir auch Jesus, den Messias, den Herrn, als RETTER« (Phil 3,20).

Auch der Titel HERR, Kyrios, ist nicht den hellenistischen Herrscherideologien entnommen, sondern gegen sie gesetzt. Der Titel gebührt Gott allein – und er hat ihn Jesus verliehen, der gehorsam wurde bis zum Tod und dem deshalb der Name über allen Namen verliehen wurde, wie Paulus mit einem älteren urchristlichen Lied überliefert:

»Darum hat ihn Gott über alle erhöht / und ihm den Namen verliehen, / der größer ist als alle Namen, / damit alle im Himmel, auf der Erde und unter der Erde / ihre Knie beugen vor dem Namen Jesu / und jeder Mund bekenne: / Jesus Christus ist der HERR / zur Ehre Gottes des Vaters« (Phil 2,9–11).

Gegen die »politischen Theologien«

Jesu Geburtslegende, welche die frühen judenchristlichen Gemeinden erzählten und die Lukas aufgeschrieben hat, wendet sich indirekt, aber deutlich genug gegen die »politische Theologie«, die Ideologie der kaiserlichen Staatsräson und seiner Gesellschaftsordnung, die sich mit der Politik der römischen Kaiser verbindet, wie gegen diejenige, die der jüdisch-theokratische Nationalismus und Zelotismus vertritt; die Zeloten versuchten ja, »mit Gewalt – selbst wider jede Vernunft und die Interessen des Volkes – ohne Rücksicht auf die realen Machtverhältnisse, die ihrer Auffassung vom Gesetz entsprechende Ordnung, d.h. die Alleinherrschaft Gottes, herbeizuführen« (Martin Hengel, S. 148).

Die Geburtslegende Jesu raubt dem Kaiser den Nimbus des Friedensheilands durch die Erinnerung an die »Aufzeichnung«, die Unterdrückung bedeutete und kriegerischen Aufstand provozierte; der jüdisch-nationalen Erwartung, die noch nach dem messianischen Befreier Ausschau hält, setzt sie die Botschaft von dem Friedens-Christus entgegen, der dem »ganzen Volk« schon die frohe Botschaft von der Herrschaft Gottes gebracht hat und der als erhöhter Herr sein Friedensregiment schon begonnen hat.

In der Akklamation, im Engelchor, nimmt die Weihnachtsgeschichte am deutlichsten zu den »politischen Theologien« der Zeit Stellung. Der Begriff der »politischen Theologie« wurde in der Übersetzung des Begriffs »theologia civilis« geprägt, den der römische Schriftsteller Marcus Terentius Varro (116–27 v. Chr.) in einer Unterscheidung von der »theologia mythica« (»mythische Theologie«) und »theologia naturalis« (»natürliche Theologie«) gebraucht hatte. Die »politische Theologie« war eine den Kaiserkult legitimierende bürgerliche Ideologie; Varro war von Caesar 47 v. Chr. zum Reichbibliothekar ernannt worden und dann Hoftheologe im Sinne einer »theologia civilis«, die durchaus mythische Züge annehmen konnte beim Entwurf des Bildes eines »Divus Augustus«, eines göttlichen Augustus.

Für die Gemeinden, welche das Weihnachtsevangelium erzählen und hören, ist klar, dass der Staat kein Segens- und Heilbringer sein kann.

Satz 16–18: Auf Erden Friede
(Lk 2,13–14)

16 [13] Und plötzlich ward mit dem Engel eine Menge himmlischen Heeres;
17 die lobten Gott und sagten:
18 [14] »Herrlichkeit in den Höhen Gott
und auf Erden Friede unter den Menschen des Wohlgefallens!«

Das Weihnachtsevangelium, das nicht im Kaiser Augustus den Retter und Herrn erkennt, sondern in Jesus von Nazaret, macht klar, dass der Friede auf Erden nicht dort erwartet werden kann, wo Menschen von Menschen göttliche Ehre dargebracht wird oder dort, wo der Mensch für Gott (und auch so letztlich für sich selbst) Gott die Ehre erzwingen zu müssen glaubt. Damit fordert es freilich auch eine fundamentale Unterscheidung der »göttlichen« Verehrung des Messias Jesus heraus.

Der Friede kommt den Menschen »des (göttlichen) Wohlgefallens« zu, seines Erbarmens, das auf sein Volk ausgegossen ist. Was ist gemeint? Die Menschen des göttlichen Wohlgefallens, diejenigen, auf denen Gottes Huld und sein Friede ruht, sind die, die Gott allein die Ehre geben, indem sie sich zum *Soter* und *Kyrios*, dem Christus Jesus bekennen. Was tun sie, wenn sie sich zu ihm bekennen, und welche Praxis entspricht diesem Bekenntnis?

Eine Friedensalternative

Das Bekenntnis zu Jesus ist das Bekenntnis zu einem »Frieden«, der von Gott geschenkt ist, dessen Bedingungen der Mensch nicht macht oder herstellt, die er vielmehr akzeptiert in Umkehr und Glaube. Jesus als »Friedensfürsten« akzeptieren, heißt anzunehmen, dass der wahre – freilich nicht bloß ein innerlicher, sondern auch der wahre soziale und politische – Friede nicht von den politischen Möglichkeiten und Unmöglichkeiten des »Machers« Mensch abhängt; es heißt akzeptieren, dass der Mensch weder als Gott-Kaiser noch als Zelot mit Gott konkurrieren darf oder muss, sondern dass er sich im Vertrauen auf Gottes Handeln ohne jegliche Rivalität in der Gemeinde Jesu vergesellschaften kann und in ihr der Welt einen Ort des Friedens anbieten darf.

Die frühe Christenheit hat die Verpflichtung des Weihnachtsevangeliums, die zugleich Verpflichtung auf das ganze Evangelium ist, ernst genommen und die Christen haben z. B., indem sie anfangs den Kriegsdienst verweigert haben, ein Zeichen dafür aufgerichtet, dass sie sich in der Sorge um den wirklichen, den irdischen Frieden von niemanden übertreffen lassen wollten. »Die Kraft beispielhaft gelebter Bruderschaft bedeutete für den Erfolg ihrer Mission nicht weniger als das verkündigte Wort« (Walter Schmithals). In ihren Gemeinden haben die Christen eine Sozialstruktur zu verwirklichen gesucht, die sich nicht am Herrschaftsgefüge der Welt orientierte. Jesus hatte ihnen ja auch gesagt: »Bei euch soll es nicht so sein!« (Mk 10,43).

Schalom

Das hebräische Wort »Schalom« hat einen viel weiteren Bedeutungsumfang als das deutsche Wort »Friede«, das freilich von seiner etymologischen Herkunft her auch breiter angelegt ist (mit den Konnotationen von Freiheit und Liebe). »Schalom« zielt auf das Ganz- und Heilsein der Gemeinschaft des Volkes Gottes und durch sie vermittelt dann auch der Völkergemeinschaft – und selbstverständlich dann auch der einzelnen Personen, bei der »Schalom« auch befriedetes Vergnügtsein meinen kann.

»Schalom« kann die Wohlfahrt einer Stadt, die unverbrüchliche Solidarität einer Gemeinschaft oder einer Freundschaftsbeziehung im Auge haben, ebenso das Wohlergehen und die Gesundheit einzelner. »Schalom« zielt im gesellschaftlichen Bereich vor allem auf soziale Gerechtigkeit und darin die Befriedung der Gesellschaft, darüber hinaus auch im Bereich der Natur auf Gedeihen und Fruchtbarkeit.

Einer zerrütteten Gesellschaft entzieht Gott seinen »Schalom«, weiß der Prophet Jeremia: »Ja, so sprach der Herr: Betritt kein Trauerhaus, geh nicht zur Totenklage und bezeige niemandem Beileid! Denn ich habe diesem Volk meinen *schalom* entzogen – Wort des Herrn –, die Güte und das Erbarmen« (Jer 16,5).

Wenn Gott dem Volk den »Schalom« entzieht, hilft auch alles Beschwören des »Schalom« nichts mehr, es wird zur Lüge; auch darum weiß Jeremia: »Den Schaden der Tochter meines Volkes möchten sie leichthin heilen, indem sie rufen: *schalom, schalom!* Aber kein *schalom* ist da« (Jer 8,11).

Ähnlich sieht es der Prophet Ezechiel, der über die falschen Propheten sagt: »Denn sie führen mein Volk in die Irre. Sie verheißen schalom, wo es keinen *schalom* gibt, und wenn das Volk eine Mauer aufschichtet, dann verputzen sie sie. Sag denen, die sie verputzen: Sie wird trotzdem einstürzen (Ez 13,10).

Wahrheit und Friede

In solchen Worten ist der Zusammenhang von Friede und Wahrheit deutlich angesprochen. Er ist auch dort gegeben, wo der »schalom«, der zunächst nicht auf den Gegensatz zum Krieg bezogen war, zu dessen Gegensatz wurde. Der Prophet Micha hat auch ein entsprechendes Wort gegen die falschen Propheten überliefert: »So spricht der Herr gegen die Propheten: Sie verführen mein Volk. Haben sie etwas zu beißen, dann rufen sie: *schalom!* Wer aber ihnen nichts in den Mund steckt, dem sagen sie den Krieg an« (Micha 3,5).

Nach der Epoche der Staatlichkeit des Volkes Gottes und dem Zusammenbruch der Staaten des Nordreiches Israel und des Südreiches Juda wird die Vorstellung vom »schalom« entscheidend gereinigt: Gott allein kann den Frieden schenken, unabhängig von politischer Macht, nicht nur für sein Volk, sondern – von diesem ausgehend – auch für die Völker der Welt: »Wie ist der Freudenbote willkommen, der durch das Bergland eilt, der den schalom ankündigt, der gute Nachricht bringt und die Rettung verheißt, der zu Zion sagt: Dein Gott ist König!« (Jes 52,7)

»Ich will mein Volk heilen und führen und trösten, damit die Trauernden mich wieder preisen. Schalom den Fernen und schalom den Nahen, spricht der Herr, ja, ich werde sie heilen« (Jes 57,18–19).

Erkennbar wird hier auch: Die erste Voraussetzung für die Ermöglichung von Frieden ist die, dass »Herrlichkeit in den Höhen« Gott gezollt wird. »Herrlichkeit«, *»kabod«,* ist das »Gewicht« Gottes, das anerkannt werden soll, seine überragende, alles grundlegende Macht, sein

Machtglanz. Die »Höhen« sind jenseits aller weltbildlichen Vorstellungen sein »Ort«.

Versöhnungsbereitschaft und Frieden

Das Neue Testament bestärkt ganz die alttestamentliche Sicht des »schalom«. Die Gemeinden preisen den »Gott des Friedens« (Röm 15,33), der durch den Messias Jesus, »unseren Frieden« (Eph 2, 14), Frieden gestiftet hat und in der Ausbreitung der Gemeinden ein Friedensnetz um die Völkerwelt legen wollte. Jesus hatte seinen Nachfolgern den Zusammenhang von Wahrheit und Frieden verpflichtend nahe gebracht – und dessen Vernachlässigung in der Kirche ist ein dauerndes Friedenshindernis: »Wenn du deine Opfergabe zum Altar bringst und dir dabei einfällt, dass dein Bruder etwas gegen dich hat, so lass deine Gabe dort vor dem Altar liegen; geh und versöhne dich zuerst mit deinem Bruder, dann komm und opfere deine Gabe« (Mt 5,23–24).

Die Versöhnungsbereitschaft auf Seiten der Glaubenden, die Gott mit sich versöhnt hat, ist eine ganz entscheidende Voraussetzung des Friedens. Sie hat auch mit der Wahrheit der Existenz der Glaubenden zu tun.

Die versöhnungsbereit dem Frieden Dienenden, die von Jesus später selig gepriesenen »Friedensstifter, die Söhne Gottes genannt werden« (Mt 5,9), sind die »Menschen des göttlichen Wohlgefallens«. Durch die Entdeckung der Texte von Qumran ist der ursprüngliche Sinn des Wortes (griechisch: *anthropoi eudokias*) wieder ans Licht gekommen, der sowohl durch die lateinische Übersetzung mit *homines bonae voluntatis* (Menschen guten Willens) wie durch Luthers Übertragung mit »den Menschen ein Wohlgefallen« verstellt war; es geht um die Menschen, die Gott erwählt hat, die Mitglieder Seines Volkes, das ein Friedensvolk sein soll, von Gottes Erbarmen geheiligt, geeinigt und gestärkt – das in den Gemeinden als Friedensorten rund um den Erdball lebt.

Satz 19–21: Nach Betlehem eilen (Lk 2,15–16)

19 [15] Und es geschah: Als fort gegangen waren von ihnen in den Himmel die Engel, redeten die Hirten zueinander:
20 »Lasst uns doch hinübergehen nach Betlehem und sehen dies Ding, das geschehen ist, das der Herr uns kundgetan hat!«
21 [16] Und sie gingen eilend und fanden Maria und Josef und das Neugeborene, in der Krippe liegend.

Im dritten Teil der Weihnachtserzählung (Satz 19–27) kommt, zieht man die »Pragmatik« des Textes – die nach der Wirkung auf die Hörer fragt – in Betracht, die christliche Gemeinde nun auch schon in den Blick.

Die Bewegung der Umkehr und des Glaubens wird in der Bewegung der Hirten, die sich von der Botschaft der Engel eilends in Bewegung setzen lassen, symbolisch beschrieben. Wer sich ernsthaft für den Frieden interessiert, der – so ist gesagt – »geht hin, um dies Ding, das geschehen ist, sich anzusehen« – er lässt sich die Friedensbotschaft gesagt sein und akzeptiert das »Zeichen«, das »Neugeborene, in einer Krippe liegend«.

Die christliche Botschaft vom Frieden wartet nicht mit Sensationen auf, sondern mit dem unscheinbaren Miteinander von Menschen und Nationen in einer unableitbaren konkreten Geschichte. Sie ist auf einen Ort verwiesen, den Ort, an dem der »Friedensfürst« in der Mitte seines Friedensvolkes zu finden ist.

Lukas hat seine Darstellung auf seine Gemeinden hin durchscheinend gemacht. Die Hirten sind sich einig, sie gehen miteinander nach Betlehem und werden zu Zeugen und dann zu Boten dessen, was sie gesehen, verstanden und geglaubt haben.

»Die Hirten – bislang nur stumme Zeugen einer himmlischen Offenbarung – sind nun die handelnden Personen. Sie sprechen miteinander. Über das, was sich zugetragen hat, gibt es keine Diskussion; ihr Entschluss steht von Anfang an fest: sie wollen hingehen und sich von der Wahrheit der Botschaft überzeugen« (Josef Ernst). Auch Jesus wird später seine ersten Jünger entsprechend einladen: »Kommt und seht« (Joh 1,39).

Das Wort, das ergangen ist – vom Engel an die Hirten – und das Ding, das geschehen ist – das Kind in der Krippe – stimmen überein; auch hier ist die Wahrheit die Grundlage des Zusammenkommens und dann auch des Friedens.

Wahrnehmung des *Kairos*

Gemeindebildung wird so geschehen, dass Hörer der Botschaft sich aufmachen, um sie in den Gemeinden selbst bestätigt zu finden: sich vom Frieden, der hier durch Christus, »unseren Frieden«, geschenkt ist, zu überzeugen und zum Glauben an IHN als dessen Urheber führen zu lassen, zum Exodus aus der Welt des Unfriedens, die im Neuen Testament auf vielfältige Weise als die frühere Lebensweise der Noch-Nicht-Glaubenden charakterisiert wird.

Die Eile, von der Lukas erzählt, verbindet die Hirten mit Maria, die zu ihrem Besuch bei Elisabeth »in eine Stadt im Bergland von Judäa eilte«. Vielleicht soll gesagt sein, dass eine von Gott gefügte Konstellation, ein *Kairos,* unversehens, eilig, wahrgenommen werden muss, bevor sich das Zeitfenster wieder schließt. Solches Traditionswissen hat sich bis eine deutsche Strophe des Weihnachtsliedes »Quem pastores« erhalten: »Siegeslöwe, zu dir eilen, / die drei König ohn Verweilen.«

Der Evangelist Lukas hat es auch noch in anderen Szenen verdichtet, z. B. bei der Begegnung Jesu mit dem Oberzöllner Zachäus in Jericho: »Als Jesus an die Stelle kam [wo Zachäus auf dem Maulbeerfeigenbaum saß], blickte er hinauf und sagte zu ihm: Zachäus, steig eilends hinunter, denn heute muss ich in deinem Hause bleiben. Und er stieg eilends hinunter (Lk 19,5–6).

Auch hier geht es um den *Kairos* des HEUTE. In der Apostelgeschichte sputet sich Paulus, damit er zu Pfingsten in Jerusalem sein kann (Apg 20,16).

Auffällig ist schließlich noch, dass im Weihnachtsevangelium die Frau, die Mutter, zuerst genannt wird, dann der Mann und das Neugeborene. Maria wird dann ja auch im nächsten Abschnitt als diejenige hervorgehoben, die alle Worte in ihrem Herzen bewahrt.

Satz 22–24: Alle staunten (Lk 2,17–19)

22 17 Da sie es aber sahen, machten sie kund das Wort,
das zu ihnen geredet worden war über dieses Kind.
23 18 Und alle, die es hörten, staunten über das, was von
den Hirten zu ihnen geredet wurde.

24 [19] Maria aber bewahrte alle diese Worte, sie überdenkend in ihrem Herzen.

Freilich, die Hirten konnten Gott loben und preisen für alles, was sie gehört und gesehen hatten. Und wer später der Einladung Jesu selbst mit seinem »Kommt und seht« in die Nachfolge folgte, konnte dies ebenso; und seine Gemeinden lebten zunächst im Bewusstsein, dass ihr verkündigendes Wort ein ihr Leben erklärendes, ihren Frieden, ihre Friedensbereitschaft, ihren Widerstand gegen die »politischen Theologien« erklärendes Wort sein müsse und sein könne.

Die Not der gegenwärtigen Christenheit besteht weithin darin, dass sie die Einladung »Komm und sieh« guten Gewissens nicht mehr zu sprechen vermag, dass sie die Botschaft spiritualisiert und deshalb das Weihnachtsevangelium als »Droge« braucht oder als die Windel, die ihre Blöße verdecken soll.

Die Hirten verifizieren anhand des ihnen vom Engel gegebenen Zeichens »das Ding, das geschehen ist«, nämlich die Geburt des Messias, Retters und Herrn in Betlehem, Davids Stadt.

Die Hirten machen die Bedeutung der Geburt Jesu, die ihnen von Gott durch den Engel offenbart wurde, als der Geburt des künftigen Heilskönigs und Friedensherrschers bekannt. Staunen und Erwägen im Herzen ist angesichts der Botschaft die (vorläufig) angemessene Reaktion, mehr noch aber der Lobpreis Gottes, dem die Ehre gebührt.

Einige Grundvollzüge glaubender Existenz sind in diesem Abschnitt genannt. Zunächst das »Hören« und das »Staunen« und dann – vom Maria besonders ausgesagt – das »Bewahren der Worte«, das im »Überdenken« (insbesondere mit Hilfe der Schrift Israels) geschieht. Dies führt dann dazu, wie Elisabeth es Maria zuspricht: »Selig ist, die geglaubt hat, dass sich erfüllt, was der Herr ihr sagen ließ« (Lk 1,45).

Regina Pacis

Maria hat, wie der Urtext sagt, alles »zusammengefügt«: gegenwärtige Erfahrung mit dem Heilswissen Israels. In der Lauretanischen Litanei wird sie genannt: *Regina Pacis* – Königin des Friedens. Als Urbild der Kirche verpflichtet die *Regina Pacis* die Kirche in besonderer Weise auf den Frieden. In seiner eingangs breit zitierten Botschaft zum Weltfriedenstag 2006 hat sich Papst Benedikt XVI. am Schluss an Maria als »die Mutter des Friedensfürsten« gewandt:

> »Wenden wir vertrauensvoll und in kindlicher Hingabe unseren Blick auf Maria, die Mutter des Friedensfürstes. Am Anfang dieses neuen Jahres bitten wir sie, dem gesamten Gottesvolk zu helfen, in jeder Lage Friedensstifter zu

sein, indem es sich erleuchten lässt von der Wahrheit, die frei macht (vgl. Joh 8,32). Möge die Menschheit auf ihre Fürsprache hin eine immer größere Wertschätzung für dieses grundlegende Gut entwickeln und sich dafür einsetzen, sein Vorhandensein in der Welt zu festigen, um den nachwachsenden Generationen eine unbeschwertere und sicherere Zukunft zu übergeben.«

Satz 25–27: Jesus – nicht Augustus (Lk 2,20–21)

25 [20] Und die Hirten kehrten zurück.
26 Sie priesen und lobten Gott für alles, was sie gehört
und gesehen hatten, gemäß dem, wie zu ihnen geredet
worden war.
27 [21] Und als erfüllt waren acht Tage, ihn zu beschnei-
den, da wurde genannt sein Name JESUS (, der ge-
nannt worden war von dem Engel, bevor er im Mutter-
leib empfangen wurde).

Das letzte Wort der ganzen Weihnachtserzählung ist der Name JESUS, der bisher noch gar nicht gefallen war. Dadurch, dass im ersten Textstück der Kaiser AUGUSTUS und im letzten (dem Lukas dann noch den Verweis auf die Namensankündigung angefügt hat) JESUS genannt wird, ist die Gegenüberstellung der beiden Friedensbringer, des angeblichen und des wirklichen, deutlich betont. Der Name Jesus verweist auf Gott selbst: Gott rettet!

Der Lobpreis der Hirten ist im Zusammenhang der ganzen Erzählung ein Einstimmen in den Lobpreis der Engel, wie es seither in jeder Dankesfeier der Kirche am Ende der Präfation im »Sanctus« geschieht. Hören und Sehen sind durch die Worte, »wie zu ihnen geredet worden war«, verbunden und damit in einen Horizont gestellt, der nichts Selbstgemachtes ansagt. Die Linie des »wie zu ihnen geredet worden war« wird durch Lukas dann noch weitergeführt, der daran erinnert, dass schon in der Geburtsankündigungserzählung der Engel Gabriel zu Maria gesagt hatte: »Du wirst ein Kind empfangen, einen Sohn wirst du gebären; dem sollst du den Namen Jesus geben« (Lk 1,31).

Die Beschneidung des jüdischen Knaben Jesus wird ebenso feierlich mit dem Hinweis auf die »Erfüllung der Tage« eingeleitet, wie die Geburt selbst; jetzt ist er volles Mitglied des Gottesvolkes geworden, der Tora untertan, wie Paulus im Galaterbrief bemerkt hat: »Als die Zeit erfüllt war, sandte Gott seinen Sohn, geboren aus einer Frau, unterstellt dem Gesetz« (Gal 4,4).

Paulus hat wenig später im Galaterbrief seine Gemeinden wissen lassen: »Ich versichere noch einmal jedem, der sich beschneiden lässt: Er ist verpflichtet, das ganze Gesetz zu halten« (Gal 5,3).

Und im Römerbrief erinnert Paulus, als er die Gemeindemitglieder, Juden- und Heidenchristen, mahnt, einander anzunehmen, noch einmal daran: »Denn, das sage ich: Christus ist um der Wahrhaftigkeit Gottes willen Diener der Beschnittenen geworden, damit die Verheißungen an die Väter erfüllt werden. Die Heiden aber rühmen Gott um seines Erbarmens willen« (Röm 15,8–9).

Jesus ist insbesondere auch als »Diener der Tora« Diener des Friedens. Denn sie verpflichtet nicht weniger als das Evangelium auf den Frieden. Und das Alte Testament weiß wie das Neue, dass der Friede an die Wahrheit gebunden ist; der erste Petrusbrief zitiert in seinem an Jesu Bergpredigt angelehntem Aufruf zur Eintracht ausdrücklich vier Verse aus Psalm 34 (13–17):

»Endlich aber, seid alle eines Sinnes, voll Mitgefühl und brüderlicher Liebe, seid barmherzig und demütig! Vergeltet nicht Böses mit Bösem noch Kränkung mit Kränkung. Statt dessen segnet; denn ihr seid dazu berufen, Segen zu erlangen. Es heißt nämlich: Wer das Leben liebt / und gute Tage zu sehen wünscht, / der bewahre seine Zunge vor Bösem / und seine Lippen vor falscher Rede. / Er meide das Böse und tue das Gute; / Er suche Frieden (schalom) und jage ihm nach. / Denn die Augen des Herrn blicken auf die Gerechten, / und seine Ohren hören ihr Flehen, / aber das Antlitz des Herrn richtet sich gegen die Bösen« (1 Petr 3,8–12).

Auch der Hebräerbrief nimmt den Aufruf aus Psalm 34 auf: »Strebt voll Eifer nach Frieden mit allen« (Hebr 12,14).

Schlusswort: Mit den Wurzeln im Morgenland und zwischen den Sternen

Jesus, den das Weihnachtsevangelium als Messias und Retter verkündet, war unter der Anklage, er habe sich zum König der Juden gemacht – und so die Majestät des Kaisers verletzt – ans Kreuz geschlagen worden, als Rebell zwischen zwei Rebellen, als Unruhestifter zwischen zwei Unruhestiftern. Konnte er der Friedensbringer sein? Waren nicht seine Anhänger Unruhestifter in aller Welt geworden wie er selbst in Judäa? In Saloniki werden sie beim Stadtpräfekten von den Juden der Stadt verklagt: »Diese Leute, welche die ganze Welt in Aufruhr gebracht haben, sind jetzt auch hier ... Sie alle verstoßen gegen die Gesetze des Kaisers; denn sie behaupten, ein anderer sei König, nämlich Jesus« (Apg 17,6–7).

Es gehört zu folgenschweren Missverständnissen der christlichen Botschaft, dass sich im Gefolge Konstantins des Großen Politiker berufen fühlten, anstelle der christlichen Gemeinden, anstelle der Kirche – wenn auch unterstützt von ihr – in einer Ablösung der *pax Romana* die *pax Christiana* der Welt vorschreiben, aufzwingen zu sollen. Die damalige Welt wurde in der Einheit des römischen Reiches begriffen und es war gewissermaßen selbstverständlich, das der christliche Kaiser die Idee des Friedens nun neu interpretierte.

Doch schon am Beginn des 5. Jahrhunderts, nachdem der Glaube des Konzils von Nizäa verbindliche Norm für das Römische Reich geworden war, zeigte sich den großen Theologen der Kirche, dass *pax Romana* und *pax Christiana* nicht einfach identifiziert werden konnten. Doch die Unterscheidung hielt sich nicht durch; sie musste im Heiligen Römischen Reich deutscher Nation immer neu erkämpft werden. Zu dessen Beginn erschien die Idee im Gewand der *pax Carolina* (mehr der *pax Romana* als der *Christiana* verpflichtet) und die seit der Reformation nicht nur zerstrittene, sondern sich bekriegende Christenheit bedurfte selbst dringendst der *pax Christiana*, wie es ein 1648 entstandenes Gemälde von Joachim von Sandrart in der Verbindung der verschiedensten Elemente sehr schön festgehalten hat: Die im Westfälischen Friedensschluss manifestierte *pax Christiana* wird beschworen. Das Weihnachtsbild, das der Ausmalung des Weihnachtsevangeliums entspricht, folgt der traditionellen Ikonographie der Madonna mit Christus- und Johannesknabe, ist aber um antike Bildsymbole ergänzt, einmal um den runden Friedenstempel mit der Inschrift: TEMP[LUM]

PACIS, dann um einen Ölzweig, ein uraltes Friedenssymbol, in der Hand Marias; ferner um ein üppiges Füllhorn, dem Sinnbild für Fruchtbarkeit und Überfluss. Im Zentrum geben sich die beiden Kinder, Jesus und Johannes, den Friedenskuss und eine Inschrift fasst zusammen: »Beati pacifici quoniam filii Dei vocabuntur« (»Selig sind die Friedfertigen, denn sie werden Gottes Kinder heißen«).

Die Idee einer *pax Christiana universalis*, wie sie 1648 propagiert wurde, ist in den folgenden Jahrhunderten nicht zur Realität geworden – und bei der Bildung der europäischen Union hat sie keine erkennbare Rolle mehr gespielt. Im Gegenteil: Das Christentum spielt bei der Verfassungsdiskussion kaum noch eine Rolle.

Der jüdische amerikanische Rechtsgelehrte Joseph H. H. Weiler hat auf seinen »Erkundungsgängen« in seinem Buch »Ein christliches Europa« festgestellt, dass es das christliche Europa nur noch im Ghetto gibt; er spricht vom »Skandal der abwesenden Stimme« und berichtet, dass er in 79 von 86 kürzlich erschienenen Büchern, die sich mit der europäischen Integration und der europäischen Verfassung beschäftigen, »nicht einen einzigen Bezug, eine einzige Anspielung auf das Christentum« angetroffen habe. Ob er einen Bezug auf die *pax Christiana* erwartet habe, teilt er nicht mit. Ist sie nur noch von historischem Interesse?

Joseph Kardinal Ratzinger hat sich 1996 in seinem Interview-Buch »Salz der Erde« so geäußert: »Die Unzeitgemäßheit der Kirche, die einerseits ihre Schwäche bedeutet – sie wird abgedrängt – kann auch ihre Stärke sein. Vielleicht können die Menschen ja doch spüren, dass gegen die banale Ideologie, von der die Welt beherrscht wird, Opposition nötig ist, und dass die Kirche gerade modern sein kann, indem sie antimodern ist, indem sie sich dem, was alle sagen widersetzt. Der Kirche fällt eine Rolle des prophetischen Widerspruchs zu, und sie muss auch den Mut dazu haben. Gerade der Mut der Wahrheit ist – auch wenn er zunächst eher zu schaden scheint, eher Beliebtheit wegnimmt und die Kirche gleichsam ins Ghetto zu drängen scheint – in Wirklichkeit ihre große Kraft«.

Das Weihnachtsevangelium war einmal der Text prophetischen Widerspruchs mit dem Mut zur Wahrheit. Kann es dies noch einmal werden? Ein neuer Anfang, wie soll er gemacht werden? Kann er »gemacht« werden?

Ihn zu erhoffen, ihn zu erwarten, ihm als einem Wunder »wie einem Vogel die Hand hinzuhalten« (Hilde Domin), bedarf der Ermutigung. Es gab und gibt Zeitgenossen, die uns im Zutrauen darauf stärken, dass die wichtigste Strecke des Christentums nicht schon hinter uns, sondern noch vor uns liegt. Dass das Weihnachtsevangelium nicht kalter Kaffee, sondern kräftige Zukunftsmusik ist.

Heinrich Böll gehörte zu diesen kritischen, wachen Zeitgenossen; der katholische Schriftsteller hat in Aufsätzen und Reden wiederholt seine Sicht vorgetragen, dass das Christentum wahrscheinlich noch nicht wirklich begonnen habe; »ich hab die Erlösung auch immer als Befreiung empfunden, und ich glaube, dass die Befreiung noch aussteht, dass das Christentum – sagen wir – jetzt erst anfangen kann. Bisher war es immer verbrämt, immer an ein bestimmtes System gebunden.« Die weihnachtliche Verbrämung hat der Satiriker Böll auf seine Weise humorvoll karikiert. Heinrich Böll ließ sich als Zeichen dafür, das etwas Neues beginnen müsse und erst in unserer Zeit beginnen könne, seine Kirchensteuerzahlungen, die er nicht mehr freiwillig leisten wollte, pfänden.

Jean-Marie Kardinal Lustiger, der Erzbischof von Paris, hat aus ganz anderen Erfahrungen heraus vor einigen Jahren in mehreren Interviews einmal geäußert, die Kirche seit gerade dabei, ihre Kinderkrankheiten zu überwinden, aus ihren Kinderschuhen auszusteigen und erwachsen zu werden: »Ich meine, wir sind erst am Anfang des christlichen Zeitalters ... Wir sind nur am Anfang von der christlichen Zeit. Erst am Anfang. Bis jetzt war nur Kindheit ... Jetzt hat die schönste und die gefährlichste Zeit der Menschheit angefangen.«

Das Bild von den »Kinderschuhen« hatte schon 1939

Franz Werfel in seinem Roman »Der veruntreute Himmel« gebraucht. Dort lässt er sagen: »Ich bin tief davon überzeugt, dass die Offenbarung des Alten und Neuen Bundes und damit die Kirche selbst das allergrößte Ereignis der gesamten bisherigen Menschheitsgeschichte bedeuten. Dann aber muss ich mir sagen, diese Geschichte steckt noch in den Kinderschuhen.«

Jeder wache Christ hat wohl das Gefühl, dass »das Christentum« als Verkörperung der Botschaft Christi noch kaum aus dem ABC-Stadium herausgekommen ist, aus dem ersten vagen und verzerrenden Experimentieren, und dass die ganze Fülle der möglichen Verwirklichung noch vor uns liegt. Auch Joseph Ratzinger fand in »Gott und die Welt« ermutigende Worte: »Die Volkskirche kann etwas sehr Schönes sein, sie ist aber nicht etwas Notwendiges. Die Kirche der ersten drei Jahrhunderte war eine kleine Kirche und trotzdem keine sektiererische Gemeinschaft. Im Gegenteil, sie war nicht abgeschottet, sondern hat eine Verantwortung für die Armen, die Kranken; für alle gesehen. In ihr haben alle, die nach dem Ein-Gott-Glauben, die nach einer Verheißung suchten, einen Raum gefunden. Schon die Synagoge, die Judenschaft im Römischen Reich, hatte diesen Umraum von Gottesfürchtigen gebildet, die an sie angeschlossen waren und damit eine sehr weite Öffnung vollzogen. Das Katechumenat der alten war etwas ganz ähnliches. Hier konnten Leute, die sich zu einer Totalidentifikation nicht imstande fühlten, sich gleichsam an die Kirche anhängen, um zu sehen, ob sie den Schritt in sie hinein aufbringen würden. Dieses Bewusstsein, nicht ein geschlossener Club, sondern immer aufs Ganze hin geöffnet zu sein, ist ein untrennbare Bestandteil der Kirche. Und gerade mit den Verkleinerungen der Christengemeinden, die wir erleben, werden wir nach solchen Formen der Zuordnung, des Sichanhängen-Könnens, der Offenheit Ausschau halten müssen. Ich bin deshalb nicht dagegen, wenn Menschen, die das ganze Jahr über keine Kirche aufsuchen, wenigstens in der Heiligen Nacht hingehen.«

Vielleicht trifft Sie einmal das Wort des Engels vom HEUTE?

In einem Bändchen mit Texten, Gedichten, Gebeten und Liedern unter dem Titel »Heute geht es erst an« von Hedvig Fornander († 1989), einer schwedischen Lyrikerin und Musiklehrerin, Gründungsmitglied der Katholischen Integrierten Gemeinde, lautet der im Vorwort abgedruckte Text vom 8. April 1975:

Es gibt die Steppenlandschaften, die Berge,
die topographischen Gesellschaften.
Es gibt die Kriegsschauplätze und das statistische Amt.
Es gibt die Siedlungen mit den hunderttausend Fenstern.

Es gibt die Milchstraßen, den Mond,
den Brei, den das Kind nicht essen mag.
Es gibt die Magie, die Bodennebel,
es gibt die Uhren,
die gehen vor- und rückwärts und zeigen die Zeit der einen Welt
und mitten drin steht eine Uhr und sagt:
Heute geht es erst an.

Hedwig Fornanders HEUTE verbindet sich mit demjenigen der Engelsbotschaft aus dem Weihnachtsevangelium. Das geht auch schon aus ihren Texten, Liedern und Gebeten zu Advent und Weihnachten, veröffentlich unter dem Titel »Zarte Blume«, deutlich hervor. Darin finden sich überraschende und einladende Zeilen wie:

Zu beneiden sind nicht die Ölmilliardäre
Sondern einzig die Hirten.

Oder:

Die Hirten freuten sich nicht global,
sondern nur für sich
Sie hatten nicht mit so etwas gerechnet
Gegen die Unendlichkeit der Zeit wußten sie
dass sie sich beeilen mußten.

Oder:

Da gehst du nachts hinaus,
um nach den Bäumen zu schauen

und kratzt mit deinen Händen das Eis weg:
rote Äpfel hängen an den Ästen.

Auch Hedvig Fornander hat darauf gesetzt, dass das Christentum noch ganz jung ist; der Titeltext lautet:

Zarte Blume
Mit den Wurzeln im Morgenland
und zwischen den Sternen
oder zwischen dir uns mir
heute öffne deinen Kelch um ein weniges,
recke deine Wurzeln in den Biotop Erde
revidiere dein verspätetes Wachstum
überwinde den Frost, der dich unter der Erde hielt
zarte Blume.

DIE MATTHÄISCHEN WEIHNACHTS-GESCHICHTEN

Für Friederike Wallbrecher

Vorwort des Autors zur 1. Auflage

Papst Benedikt XVI. hat am 21. März 2007 vor den Mitgliedern der Katholisch-Theologischen Fakultät der Universität Tübingen, der er in den Sechzigerjahren selbst einmal angehörte, bei einer Audienz in Rom Folgendes vorgebracht:

»Ein Exeget, ein Ausleger der Heiligen Schrift, muss diese als ein historisches Werk ›secundum artem‹, also in der strengen Wissenschaftlichkeit, die wir kennen, auslegen nach all den historischen Komponenten, die das verlangt, nach all der Methodik, die das braucht. Aber das allein reicht doch nicht aus, damit er Theologe ist. Würde er nur das tun, dann würde Theologie oder jedenfalls Bibelauslegung etwas Gleichartiges sein wie Ägyptologie oder Assyriologie oder sonstige Spezialisierungen. Damit er Theologe ist und den Dienst für die Menschheit tut, den man von ihm erwartet, muss er darüber hinaus doch fragen: Ist das eigentlich wahr, was da gesagt wird? Und wenn es wahr ist, geht es uns an? Und wie geht es uns an? Und wie können wir erkennen, dass es wahr ist und dass es uns angeht? In diesem Sinne, glaube ich, ist die Theologie immer über die Wissenschaftlichkeit hinaus und doch in der Wissenschaftlichkeit gefragt und angerufen.«

Betrachten wir unter diesem Anspruch die matthäischen Weihnachtsgeschichten, die Erzählung von den Magiern, von Herodes dem Großen und dem betlehemitischen Kindermord, so ist eine klare Aufgabe gestellt. Die Nachfrage nach den historisch überlieferten Geschehnissen soll einhergehen mit der Frage nach ihrer Bedeutung damals wie heute. Was geht uns an und wie geht es uns an?

Rasche Antworten, die sich der intensiveren Beschäftigung mit der Überlieferung nicht stellen, sind zweifellos unangebracht – und manche Gedanken werden sich die Leser, wenn sie sich informiert wissen, auch selber machen. Und im Übrigen gibt die Liturgie, in der uns unsere Texte begegnen, auch ein gewisses Geleit.

Jedenfalls trage ich das, was ich in längerer Beschäftigung mit den Texten erkennen konnte, hier – wie ich hoffe: allgemeinverständlich – zusammen.

Bad Tölz, am 17. April 2009 Der Autor

Zur Einführung

Die matthäische Erzählung von den Magiern – den späteren Heiligen Drei Königen –, von König Herodes und dessen betlehemitischem Kindermord gehört wesentlich in den weihnachtlichen Festkreis. Die Liturgie hat die beiden Geschichten auf das Fest der Unschuldigen Kinder (28. Dezember) und das Epiphaniefest (6. Januar) aufgeteilt (freilich ohne die Fortsetzung von der Umsiedlung der Heiligen Familie nach Nazaret). Die matthäischen Weihnachtsgeschichten verdienen wie das lukanische Weihnachtsevangelium eine Auslegung, die sich den zeitgeschichtlichen Umständen, besonders im Blick auf die Magier und König Herodes den Großen, den Vasallen des römischen Kaisers Augustus, ausführlich widmet.

Antwortet das lukanische Weihnachtsevangelium auf die Frage, wer den Frieden bringt: Kaiser Augustus oder Jesus von Nazaret, so werfen die matthäischen Weihnachtsgeschichten – die nur von Ereignissen nach Jesu Geburt erzählen – die Frage nach dem wahren »König der Juden« auf; unter diesem Titel wurde ja der erwachsene Jesus am 7. April des Jahres 30 in Jerusalem ans Kreuz geschlagen. Die Frage der Magier aus dem Osten, wo der neugeborene König der Juden zu finden sei, führt genau auf diese Spur.

Der Titel »König der Juden« ist meines Wissens zum ersten Mal belegt in Nehemia 6,5–6, wo Nehemia von einer Verdächtigung berichtet: »Da schickte mir Sanballat in gleicher Weise zum fünften Mal seinen Diener; er brachte einen unverschlossenen Brief, in dem stand: Unter den Völkern geht das Gerücht um – und Geschem bestätigt es –, dass du mit den Juden einen Aufstand planst. Deshalb baust du die Mauer auf. Und du willst, wie man sagt, ›König der Juden‹ werden.«

Nehemia wurde also von Sanballat »messianischer Umtriebe« bezichtigt, der Verdacht lautete auf geplanten Hochverrat; davon wird in der Geschichte Israels seit dem Exil immer neu die Rede sein, »seit dem Auftreten – und dem plötzlichen Verschwinden – Serubbabels und bis hin zum Aufstand des Sternensohnes Bar-Kochba, der dann späterhin von den Rabbinern als Bar-Kosiba = Lügensohn bezeichnet wurde« (Antonius H. J. Gunneweg). Der Titel »König der Juden« trägt also den Geruch messianischer Umtriebe an sich.

Gleichzeitig muss freilich erinnert und bedacht werden, dass Israel JHWH als seinen König, den »König Israels«, feiert – und jeder »König der Juden« sich fragen lassen muss, inwiefern er der Bürde solcher Repräsentation gewachsen ist und nachkommen kann. War Jesus am Ende wirklich der »König Israels«?

Der Text der matthäischen Weihnachtsgeschichte

Die Übersetzung[3]

1 Als aber Jesus geboren war in Betlehem in Judäa in
den Tagen des Königs Herodes,
siehe: Magier aus dem Osten erschienen in Jerusalem
und sagten:
2 »Wo ist der neugeborene König der Juden? Wir haben
nämlich seinen Stern im Aufgang gesehen und sind ge-
kommen, ihm zu huldigen.«
3 Als aber der König Herodes das hörte, erschrak er und
ganz Jerusalem mit ihm.
4 Und er versammelte alle Hohenpriester und Schrift-
gelehrten des Volkes und wollte von ihnen erfahren, wo
der Messias geboren werden soll.
5 Sie aber sprachen zu ihm:
»In Betlehem in Judäa! So nämlich steht geschrieben
durch den Propheten:
6 *Und du, Betlehem, Land Juda, keineswegs bist du die*

[3] Die Übersetzung bemüht sich um Nähe zum griechischen Text.

geringste unter den Fürstenstädten Judas. Denn aus dir soll hervorgehen ein Fürst, der weiden wird mein Volk Israel« (Micha 5,1.3; 2 Sam 5,2).

7 Dann rief Herodes heimlich die Magier zu sich und ließ sich von ihnen genau die Zeit des erschienenen Sterns sagen.

8 Und er sandte sie nach Betlehem und sprach: »Zieht hin und erforscht genau, wo das Kind ist! Wenn ihr es aber gefunden habt, meldet es mir, damit auch ich komme und ihm huldige.«

9 Nach der Audienz beim König zogen sie hin. Und siehe: Der Stern, den sie im Aufgang gesehen hatten, zog vor ihnen her, bis er kam und stehen blieb über der Stelle, wo das Kind war.

10 Als sie den Stern sahen, freuten sie sich in großer Freude sehr.

11 Und als sie in das Haus kamen,
sahen sie das Kind mit Maria, seiner Mutter.
Und sie fielen nieder und huldigten ihm.
Und sie öffneten ihre Schatztruhen
und brachten ihm Geschenke:
Gold und Weihrauch und Myrrhe.

12 Und da sie im Traum die Weisung empfingen, nicht zu Herodes zurückzukehren, zogen sie auf einem anderen Weg heim in ihr Land.

13 Als sie aber fortgezogen waren, siehe:
Ein Engel des Herrn erscheint im Traum dem Joseph
und sagt:
»Steh auf, nimm das Kind und seine Mutter und flieh
nach Ägypten!
Und bleibe dort, bis ich es dir sage!
Denn Herodes wird das Kind suchen, um es zu vernich-
ten.«
14 Er aber stand auf, nahm das Kind und seine Mutter
des Nachts und zog fort nach Ägypten.
15 Und er war dort bis zum Ende des Herodes, damit
erfüllt würde, was vom Herrn gesprochen wurde durch
den Propheten, der sagt:
»Aus Ägypten rief ich meinen Sohn« (Hos 11,1).
16 Dann, als Herodes sah, dass er von den Magiern ge-
narrt worden war, wurde er sehr zornig. Und er ließ
alle Knaben in Betlehem und allen seinen Bezirken von
zwei Jahren und darunter umbringen, gemäß der Zeit,
die er sich von den Magiern genau hatte sagen lassen.
17 Damals wurde erfüllt, was durch Jeremia, den Pro-
pheten, gesprochen wurde, der sagt:
18 *»Eine Stimme wurde in Rama gehört, viel Heulen
und Jammern. Rahel weinte um ihre Kinder, und
sie wollte sich nicht trösten lassen, denn sie sind nicht
mehr«* (Jer 31,15).

19 Nach dem Ende des Herodes aber, siehe:
Ein Engel des Herrn erscheint im Traum dem Joseph in
Ägypten und sagt:
20 »Steh auf, nimm das Kind und seine Mutter und
zieh in das Land Israel!
Denn die das Leben des Kindes suchen, sind gestorben.«
21 Er aber stand auf, nahm das Kind und seine Mutter
und kam hinein in das Land Israel.
22 Da er aber hörte, dass Archelaus König von Juda sei
anstelle seines Vaters Herodes, fürchtete er sich, dorthin
zu gehen.
Er empfing aber eine Weisung im Traum und zog fort
in das Gebiet von Galiläa
23 und kam und ließ sich in einer Stadt nieder, die
Nazaret heißt,
damit erfüllt würde, was durch die Propheten gesprochen wurde:
»Er wird Nazoräer gerufen werden.«

Kommentar und Auslegung

Als Jesus geboren war in Betlehem in Judäa in den Tagen des Königs Herodes

Die Notiz über die Geburt Jesu zu Beginn des zweiten Kapitels des Matthäusevangeliums hätte kaum knapper ausfallen können, sie hebt nur auf zwei Umstände ab: den Ort (»in Betlehem in Judäa«) und die Zeit (»in den Tagen des Königs Herodes«).

Von näheren Umständen wie im lukanischen Weihnachtsevangelium erfahren wir zunächst gar nichts, erst in V. 11 wird gewissermaßen nebenbei gesagt, dass Maria und Joseph mit dem Kind in einem »Haus« in Betlehem zu finden sind. Das Interesse der Erzählung richtet sich also zunächst nur auf die beiden in einen größeren Horizont verweisenden Angaben von Ort und Zeit: Betlehem und Herodes.

Bevor wir darauf genauer eingehen, stellen wir uns allerdings den für uns näher liegenden umstrittenen Fragen nach »Wann« und »Wo«, die für die Geschichte Jesu von Nazaret nicht unwichtig geworden sind. Wann ist er wirklich geboren – und wo kam er zur Welt? Wir sind uns bewusst, dass wir die Reihenfolge aus Mt 2,1 jetzt nicht einhalten.

Wann und wo?

Die Identität einer Person – heute in ihrem Personalausweis oder Reisepass – wird grundlegend durch das Geburtsdatum und den Geburtsort bestimmt. In der antiken Welt mussten Personen gleichen Namens vor allem durch das Patronym, den Namen des Vaters – so auch Jesus in Joh 1,45 und Joh 6,42: »Sohn Josephs« – oder den Ort ihrer Herkunft bestimmt werden. Deshalb heißt Jesus: »Jesus von Nazaret« – im Unterschied zu anderen Trägern des damals im zeitgenössischen Judentum verbreiteten Namens.

Aber kommt Jesus wirklich aus Nazaret? Stammt er nicht aus Betlehem? War nicht die Stadt Davids sein Geburtsort? Und wann ist er – dort? – geboren? Es ist klar, dass dies nicht im Jahre 0 gewesen sein kann, wenn er noch zu Lebzeiten des Königs Herodes zur Welt kam, der 4 v. Chr. gestorben ist. Aber auch das Jahr des Zensus, von dem Lukas berichtet, der Steuererhebung in Judäa, die doch erst im Jahre 7 n. Chr. stattfand, kommt nicht infrage, weil Jesus nicht schon mit 23 Jahren gestorben ist. Es gibt also Fragen, die wir dem Leser etwas genauer aufschlüsseln und, so gut wir können, beantworten müssen.

Wann wurde Jesus geboren?

Nicht nur Matthäus gibt an, dass Jesus in den Tagen des Herodes – gemeint ist Herodes der Große, der König in Judäa – geboren worden sei, auch Lukas setzt das voraus, da er die Geschichte von der Ankündigung der Geburt Johannes' des Täufers mit der Wendung einleitet: »Es geschah in den Tagen des Königs von Judäa, Herodes« (Lk 1,5) und da er die Täufergeschichte mit der Jesusgeschichte so verbindet, dass Jesus und Johannes innerhalb eines Jahres geboren werden; der Engel Gabriel kommt zu Maria »im sechsten Monat« (Lk 1,26) der Schwangerschaft Elisabets.

Doch schafft Lukas mit seiner Darstellung insofern Probleme, als er im Weihnachtsevangelium die »erste Aufzeichnung« (Lk 2,2), also die Steuererhebung in der neuen Provinz Judäa nach der Absetzung und Verbannung des Herodessohnes Archelaus (6 n. Chr.), die im folgenden Jahr 7 n. Chr. durchgeführt wurde, mit der Geburt Jesu in Betlehem verbindet.

Will man der Frage nach dem Geburtsjahr Jesu genauer auf den Grund gehen, so empfiehlt es sich, zunächst einmal nach seinem Todesdatum zu fragen. Dafür kommen zwei Jahre in Frage, 30 oder 33 n. Chr. Die größere Wahrscheinlichkeit spricht m. E. für das frühere Jahr; das Todesdatum Jesu war höchstwahrscheinlich Freitag, der 7. April 30 n. Chr.

Als man eher mit dem Jahr 33 rechnete, konnte man den schönen Liedvers bilden, der für die Vorstellung vieler Christen (und darüber hinaus) maßgebend wurde: »Und dreiunddreißig Jahr / im Fleisch gehorsam war.« Doch muss Jesus mindestens ein bis zwei Jahre älter gewesen sein, wenn er noch zu Lebzeiten Herodes des Großen, also vor 4 v. Chr., geboren wurde.

Der matthäische Text, den wir auslegen wollen, setzt – jetzt noch abgesehen von der Frage, ob er überhaupt historische Informationen übermittelt – ja mit der Flucht der Heiligen Familie nach Ägypten und ihrer Rückkehr erst nach dem Tod des Herodes eher noch die Jahre 7 oder 6 oder 5 v. Chr. als das Geburtsjahr Jesu voraus. Wenn es heißt, dass Joseph mit dem Kind und seiner Mutter in Ägypten blieb »bis zum Ende des Herodes«, so klingt das nicht so, als hätte er nach ganz kurzer Zeit schon aus Ägypten zurückkehren können.

Nun kommt aus der neutestamentlichen Überlieferung noch ein weiteres Datum hinzu. Im Johannesevangelium wird Jesus in einer schwierigen Auseinandersetzung von seinen Gegnern entgegengehalten, er sei »doch noch keine fünfzig Jahre alt« (Joh 8,57). Hält man das einem Dreißigjährigen vor – oder rechnet diese Überlieferung nicht eher mit einem Vierzigjährigen? Wenn die Altersangabe von »50 Jahren« nicht wörtlich, sondern idealtypisch als

»das volle Mannesalter« zu verstehen ist, dann zielt sie jedenfalls eher auf 40 als auf 30. (Auf Franz Rosenzweig geht das Wort zurück, mit 40 sei man endgültig erwachsen.)

Wir lassen uns hier auf die vielfältigen Spekulationen um diese Angabe aus dem Johannesevangelium nicht weiter ein, sondern halten schlicht fest: Zurückgerechnet vom Todesjahr 30 kommt man in die Lebenszeit des Herodes (vor dem Jahr 4 v. Chr.), wenn Jesus mehr als 33, eher über 40 Jahre alt geworden ist.

Kalenderrevisionen

Wir sollten uns aber noch kurz in Erinnerung rufen, wie es zur Datierung der Geburt Jesu »vor Christus« gekommen ist. Das hängt mit der Erstellung des »Julianischen Kalenders« und des »Gregorianischen Kalenders« zusammen.

Der alte römische Kalender, ein von den Griechen übernommener Mondkalender, der je nach Bedarf in unregelmäßigen Abständen an das Sonnenjahr angepasst wurde, wurde durch Julius Cäsar und dessen »Julianischen« Kalender im Jahr 46 v. Chr. abgelöst. Die Kalenderreform war durch Schwierigkeiten der Anpassung einerseits, durch die Möglichkeiten einer Verbesserung durch den Sonnenkalender andererseits angestoßen, wie sie Cäsar in Ägypten kennengelernt hatte. Der neue Kalender bestand nun aus zwölf Monaten mit je 30 oder 31 Tagen, wie heute noch üblich.

Zunächst war die Jahreszählung in den verschiedenen Teilen des Römischen Reiches sehr unterschiedlich; in Rom und im Westen wurde nach den amtierenden Konsuln datiert – neben der Zählung *ab urbe condita*, ab Gründung der Stadt Rom (die heute mit 754 v. Chr. angegeben wird). Im Osten folgte man der syrisch-seleukidischen Zählung, die das Jahr 312 v. Chr. als Jahr 1 festgesetzt hatte. Daneben gab es und gibt es im jüdischen Kalender bis heute die Zählung »ab der Erschaffung der Welt«, mit der wir 2016 im Jahr 5776 angekommen sind.

Weil das julianische Jahr gegenüber dem Sonnenjahr 11 Minuten und 14 Sekunden zu lang war und die Abweichung im 14. Jahrhundert schon sieben Tage betrug, führte Papst Gregor XIII. im Jahr 1582 unseren heutigen, den »Gregorianischen Kalender«, ein.

Jedoch die Begründung der heutigen einheitlichen Zeitrechnung geht schon auf Dionysius Exiguus im 6. Jahrhundert zurück, der sie erstmals im Jahr 525 vorschlug, als er das Jahr 1 n. Chr. – die Zahl 0 kannte man merkwürdigerweise damals noch nicht – auf das Jahr 754 nach der Gründung Roms festsetzte. Dazu musste man nun alle anderen Chronologien in Beziehung setzen – und so kam man bei der Berechnung der Regierungszeit Herodes' des Großen auf die Jahre 37–4 v. Chr. und so zu dem Kuriosum, dass Jesus von Nazaret schon vor der christlichen Zeitrechnung – »vor Christus« – geboren sein muss. »In den Tagen des Königs Herodes« bedeutet also: vor dem Jahr 4 v. Chr.

Wo wurde Jesus geboren?

Wie bei der Datierung der Geburt stimmen Matthäus und Lukas trotz ihrer sonst so unterschiedlichen Traditionen auch in der Bestimmung des Geburtsortes Jesu überein: »Betlehem« (Mt 2,1; Lk 2,6–7.11). Träfe es zu, dass Jesus in Betlehem geboren wurde, dann würde seine Identifizierung als »Jesus von Nazaret« (z. B. Mt 21,11) nicht mittels seines Geburtsortes, sondern mittels des Ortes seines Aufwachsens und seiner Herkunft geleistet worden sein. Denn darin stimmen ja auch die beiden genannten Evangelisten überein, dass Jesus in Nazaret aufwuchs (vgl. Lk 4,16: »Nazaret, wo er aufgewachsen war«) und von hierher vor Beginn seiner eigenen Wirksamkeit zu Johannes dem Täufer an den Jordan kam, wie es auch in der alten Überlieferung in Mk 1,9 heißt: »In jenen Tagen kam Jesus aus Nazaret in Galiläa und ließ sich von Johannes im Jordan taufen.«

Freilich ist Jesus nach der lukanischen Darstellung nur »zufällig«, anlässlich der von Kaiser Augustus gebotenen »ersten Aufzeichnung« in Betlehem – und zwar in einer ärmlichen Unterkunft – geboren, und schon nach 40 Tagen ist er nach seiner »Darstellung im Tempel« in Jerusalem mit seinen Eltern zu deren Wohnort Nazaret zurückgekehrt. Nach der matthäischen Darstellung hingegen wohnten die Eltern Jesu in einem »Haus« (2,11) in Betlehem und zogen nur »zufällig« nach Nazaret, weil sie nach der Flucht nach Ägypten angesichts der Regierung des grausamen Herodessohnes Archelaus nicht nach Betlehem zurückkehren wollten. Warum sie ausgerechnet nach Nazaret zogen, wird aus der matthäischen Darstellung nicht klar – sodass in jedem Fall die lukanische Annahme, dass Joseph und Maria in Nazaret zu Hause waren (samt ihrer übrigen Familie, wie sie in Mk 6 erwähnt ist), die weitaus größere Wahrscheinlichkeit für sich hat.

Wie bei der Frage nach dem Geburtstermin muss bei der Frage nach dem Geburtsort auch das Johannesevangelium gehört werden. Es setzt zwar nicht eindeutig die Geburt Jesu in Nazaret, wohl aber seine Herkunft aus Nazaret voraus, und zwar in einer Weise, die jedenfalls eher damit rechnen lässt, dass für die johanneischen Überlieferungen Jesus auch in dem kleinen Dorf oder Städtchen in Galiläa geboren wurde.

Nach Johannes 1,45–46 sagt Philippus dem Natanael: »Wir haben den gefunden, über den Mose im Gesetz und auch die Propheten geschrieben haben: Jesus aus Nazaret, den Sohn Josephs.« Und Natanael antwortet ihm: »Aus Nazaret? Kann von dort etwas Gutes kommen?«. Das Johannesevangelium setzt voraus, dass Jesus in Galiläa, z. B. in Kafarnaum, bekannt ist; dort sagen die Leute: »Ist das nicht Jesus, der Sohn Josephs, dessen Vater und Mutter wir kennen?« (Joh 6,42). Und in Jerusalem gibt es eine Diskussion darüber, ob Jesus der Messias sein könne, wo er doch nicht aus Betlehem, sondern aus Galiläa komme. Nachdem einige geäußert hatten, Jesus sei der Messias, sagen andere: »Kommt denn der Messias aus Galiläa? Sagt nicht die Schrift: Der Messias kommt aus dem Geschlecht Davids und aus dem Dorf Betlehem, wo David lebte«? (Joh 7,41–42)

Diese Diskussion kann uns auch auf die Spur einer angemessenen Rekonstruktion führen. Die exegetisch wissenschaftliche Diskussion weist eindeutig in die Richtung der Annahme, dass Jesus in Nazaret zur Welt kam.

Herodes der Große

Wie im Weihnachtsevangelium (Lk 2,1–21) zu Beginn der römische Kaiser Augustus genannt wird, so beginnt die Erzählung von Mt 2 entsprechend mit der Nennung des »Königs der Juden« Herodes. War dort der Kaiser mit seinem Anspruch auf die Befriedung der Welt der Antipode des neugeborenen Kindes, so ist es hier der von Gnaden des Kaisers herrschende König – und zwar mit seinem quasi messianischen Anspruch, zumindest für das Judäische Reich der Erlöser zu sein. Man könnte es kurz so sagen: Herodes wollte der »Augustus« des Vorderen Orients sein – dies aber in jüdisch-messianischer Tradition.

Deshalb wird Herodes, so erzählt es unsere Geschichte in Mt 2, durch die Nachricht, dass es einen »neugeborenen König der Juden« geben solle, so aufgeschreckt. Hatte er doch, wie wir noch erfahren werden, alle seine potenziellen Rivalen aus der eigenen Familie ruchlos umbringen lassen.

»König der Juden« von Roms Gnaden

Herodes, als Idumäer ein halber Ausländer, bei den Juden eher unbeliebt, hatte im Jahre 40 v. Chr. vom Senat in Rom den Titel »König der Juden« erhalten; die Herrschaft selbst musste er sich noch erkämpfen. Im Jahr 37 v. Chr. war er dann mithilfe des Kaisers Augustus in Judäa an die Macht gekommen; und er regierte als König über ein Reich, das in seinen Grenzen dem Reich des großen Königs David nahe kam.

Und als *socius*, als Verbündeter, und *amicus*, als Freund des römischen Kaisers, sorgte er nun auch dafür, dass sein

Reichsgebiet von der Idee der *pax Augustana* (Friede des Augustus) nicht unberührt blieb. Er versuchte sein Territorium in das Römische Weltreich einzubeziehen, den jüdischen Messianismus den Ideen nutzbar zu machen, die ihn mit der Sendung des Augustus als des »Heilands der Welt« verbanden. Für jedermann sichtbar drückte sich die Politik des Herodes in seiner Bautätigkeit aus.

Die Bautätigkeit des Herodes zu Ehren des Kaisers Augustus

Herodes ließ die alte Stadt Samaria unter dem Namen des Augustus (Sebastos) als Sebaste wiederaufbauen und den Tempel der neuen Stadt auch dem göttlichen Augustus weihen. Der Steinstufenaufgang des herodianischen, Augustus geweihten Tempels in Sebaste hat sich erhalten. Flavius Josephus hat in den »Jüdischen Altertümern« berichtet:

»Als er (Herodes) nach Samaria zog, um diese Stadt zu befestigen, siedelte er dort absichtlich viele von denen an, die als Verbündete mit ihm in Kriegen gekämpft hatten, sowie viele der Grenznachbarn. Dies tat er in dem Ehrgeiz, eine neue (Stadt) zu errichten durch seine eigene Tat, denn zuvor war sie nicht unter den bekannten (Städten) gewesen. Er tat es aber auch, weil sein Ehrgeiz zu seiner Sicherheit beitrug. Er änderte ihren Namen, nannte sie Sebaste und teilte den Siedlern das nahe gelegene Land zu, das das beste des Landes war, damit sie, sobald sie zusammengekommen waren, in Wohlstand leben könnten«.

Zuvor schon hatte Herodes den Tempel in Jerusalem erneuern lassen und darüber hinaus eine riesige Bautätigkeit im ganzen Land entfaltet. Flavius Josephus berichtet darüber so:

> »Im 15. Jahr (20/19 v. Chr.) seiner Regierung ließ er das Tempelgebäude wieder instand setzen und ummauerte ein Gebiet, das doppelt so groß war wie das bis dahin bestehende, wobei er einen unermesslichen Aufwand und eine beispiellose Pracht entfaltete. Zeugnis dafür waren die mächtigen Säulenhallen rings um das Heiligtum und die nördlich angrenzende Burg.
>
> Erstere ließ er von den Grundlagen auf neu bauen, die Burg aber ließ er mit großen Kosten so wiederherstellen, dass sie den Königsschlössern in nichts nachstand; er nannte sie dem Antonius zu Ehren Antonia. Sein eigenes Königsschloss legte er in der oberen Stadt an und nannte die beiden größten und schönsten Gebäude, mit denen nicht einmal der eigentliche Tempel verglichen werden konnte, nach seinen hohen Freunden Caesareum und Agrippeum.« (Jüdische Altertümer XV, 291–293)

Das »Caesareum« sollte an den Caesar = Kaiser Augustus erinnern, das »Agrippeum« an den mächtigen Schwiegersohn des Augustus, Marcus Vipsanius Agrippa, den großen Gönner des Herodes neben Augustus. Josephus fährt fort: »Aber nicht durch Gebäude allein hat Herodes Gedächtnis und Namen jener Männer in steinernen Lettern Dauer verliehen, sein Streben nach Ehre bezog auch ganze Städte in dieses Interesse ein.«

Cäsarea Philippi und Caesarea Maritima

Als Kaiser Augustus seinen Freund Herodes mit weiterem Gebietszuwachs auf dem Golan beschenkte, errichtete dieser dem Kaiser bei den Jordanquellen einen Tempel aus weißem Marmor, und zwar in Paneion. Josephus berichtet darüber:

> »Dort erhebt sich ein Berggipfel zu unendlicher Höhe; neben der Schlucht am Fuße des Berges aber öffnet sich eine dunkle Grotte, in der ein Steilhang zu einer unermesslichen Tiefe voll stehenden Wassers abbricht, und wenn man ein Lot hinabsenkt, um auf den Grund zu kommen, so reicht doch keine Länge aus. An den Ausläufern der Höhle treten die Quellen hervor, und dort ist, wie einige meinen, der Ursprung des Jordans« (Jüdischer Krieg I, 401–407).

Paneion bzw. Banjas wurde vom Herodessohn Philippus dann noch weiter ausgebaut und in weiterer Kaiserverehrung Cäsarea Philippi genannt – die Gegend, die in den

Evangelien als Ort des Messiasbekenntnisses des Petrus genannt ist. Noch heute beeindrucken die Überreste der Heiligtümer bei den Jordanquellen durch ihre monumentale, in eine großartige Landschaft eingebettete Pracht. Wenn man sich dort aufhält, kann man sich leicht zurückversetzen in die Zeit, als sich das Judentum der heidnischen Einflüsse erwehren und das beginnende Christentum Einbruchsmöglichkeiten in diese religiöse Welt erkunden musste.

Flavius Josephus berichtet weiter, dass Herodes »keinen irgendwie geeigneten Platz seines Reiches ohne ein Zeichen der Ehre Caesars ließ«. Er baute auch in Jericho einen neuen Königspalast als Winterpalast, »einen anderen, besseren und für Besuche wirtschaftlicher eingerichteten«, den er nach dem Namen seiner Freunde (Caesar und Agrippa) benannte (Jüdischer Krieg I, 407).

Auch Cäsarea am Meer *(maritima)*, wo später die römischen Prokuratoren residieren und den Hafen wegen der notwendigen Verbindung nach Rom ausbauen lassen, ist eine herodianische Gründung; die Wasserversorgung der Stadt mit einem Aquädukt, dessen Reste erhalten geblieben sind, hat Herodes der Große noch anlegen lassen. Und selbst in Athen kann man noch heute einen herodianischen Tempel bewundern. Schließlich verdienen noch die Festungsanlagen in der judäischen Wüste und im Ostjordanland Erwähnung; darunter ist die Festung Masada durch den Widerstand der Zeloten im Jüdischen Krieg gegen die Römer besonders bekannt geworden und – nach den Ausgrabungen – geblieben bis heute.

Herodes der Grosse liess sich auch als »Göttlich« verehren

Abraham Schalit hat in seinem grundlegenden Werk über Herodes herausgestellt, dass der König Herodes sich auch in den großen Plan der Erlösung der Ökumene (d. h. des bewohnten Erdkreises) durch Kaiser Augustus eingeschaltet hat: »Nicht nur sah er im Kaiser eine übermenschliche Gestalt, nachdem dieser sein persönlicher ›Erretter‹ (*soter*) geworden war, sondern er betrachtete sich auch in dem seiner Verantwortung überwiesenen Gebiet als aktiven Mitarbeiter an dem Werk der ›Ökumene‹.« Die Mitarbeit des Herodes bedeutete, dass er »die ›römische‹ Lösung des Menschheits- und Ökumeneproblems, d. h. die Voraussetzung, dass der *orbis Romanus* (= *imperium Romanum*) und der Kaiser die Vorbedingungen und Fundamente des Glückes der Menschheit und der Ökumene darstellen und ohne sie beide unrettbar verloren seien, vorbehaltlos billigte.«

Herodes betrachtete sich als Mitarbeiter, ja als Werkzeug des Kaisers »an dem großen Werk der Beglückung und Erlösung der Ökumene: Was der Weltherrscher im ökumenischen Maßstabe wirkte, vollbrachte der König in dem beschränkten Maße, das ihm zukam«.

Aus einer Rede des Herodes vor den jüdischen Notabeln, in der er ihnen seinen Entschluss mitteilte, den Tempel in Jerusalem zu erneuern, geht hervor, wie der König das Wesen seiner Herrschaft betrachtete. Flavius Josephus hat die Worte des Herodes so überliefert: »Ich glaube, dass ich mit Gottes Willen das jüdische Volk zu einem solchen Glück emporgeführt habe, wie es noch nie da gewesen ist« (Jüdische Altertümer XV, 11,1).

Wie Augustus erwartete auch Herodes von seinen Untertanen, dass man ihn für seine Verdienste entsprechend ehre; und gemeint war: göttliche Ehre. Flavius Josephus hat erklärt, dass König Herodes forderte, dass man ihm »mit den Dingen schmeichele, mit denen er denjenigen schmeichelte, die mächtiger waren als er« (Jüdische Altertümer XVI, 5,4). Schmücken wollte Herodes sich mit »Statuen, Tempeln oder ähnlichen Werken« (ebenda) und das hat er, wie wir schon hörten, reichlich getan. Abraham Schalit hat erläutert, dass Herodes »eine Apotheose (Vergöttlichung) begehrte, ähnlich der, die seinem Herrn und Gebieter Augustus zuteil wurde. Herodes der Große wollte für sein Reich der ›Messias‹ sein.«

Mt 2, die Erzählung vom betlehemitischen Kindermord, macht so auf jeden Fall, unbeschadet aller historischen Einzelkritik, klar, dass der Konflikt mit Jesus, dem wahren Messias, dem »König der Juden«, unausweichlich war. Jesu Anhänger konnten nicht »Herodianer«, Gefolgsleute des Herodes, sein oder werden.

Der »göttliche« Augustus und der »messianische« Herodes

Kaiser Augustus war mit seinem Friedensprogramm, mit seiner Heilbringerfunktion im Königreich des Herodes, in Judäa, Samaria und Galiläa, gegenwärtig. Herodes hatte die Vorstellung übernommen, die Augustus als eine Art übermenschliches Wesen ansah, als den Herrscher, welcher dem ganzen Erdkreis das Heil bringen werde. Abraham Schalit zeigt, wie Herodes beanspruchte, dass seine Untertanen ihm die Ehre eines »Erlösers« schuldig seien – so wie die Völker des Römischen Reiches dem »Erlöser« Augustus göttliche Ehre erwiesen. Herodes war der Ansicht, dass zwischen seiner Tätigkeit und der des Augustus kein wesensmäßiger, sondern nur ein quantitativer Unterschied bestehe.

Herodeslegenden: Herodes als »Liebling Gottes«

Abraham Schalit weiß auch zu berichten, dass vom König Herodes ähnlich wie vom Kaiser Augustus ihn ins Übermenschliche steigernde Legenden erzählt wurden. Flavius Josephus bietet als besonders hübsche Anekdote die Geschichte von dem Essener Menahem und Herodes als noch kleinem Kind:

»Jener nämlich (Menahem) sah den Herodes, als dieser noch ein Kind war und zum Haus des Lehrers ging, und redete ihn an: ›König der Juden‹. Herodes glaubte, jener kenne ihn nicht oder wolle sich über ihn lustig machen, und erklärte ihm, dass er nur einer aus dem Volke sei. Daraufhin lächelte Menahem behäbig, klopfte ihm auf sein Gesäß und sagte: ›Nein, du wirst König sein, die Herrschaft erlangen und Glück haben, denn du bist von Gott dessen würdig befunden worden‹« (Jüdische Altertümer XV, 10,5).

An anderer Stelle erzählt Josephus, wie Herodes in einer kriegerischen Auseinandersetzung aus Lebensgefahr gerettet wurde; er nennt das »eine Fügung der göttlichen Vorsehung, die sein Leben erhalten wollte« (Jüdische Altertümer XIV, 15,13). Schließlich geschah dem Herodes ein Leben rettendes Wunder, als in Jericho die Decke des Zimmers, in dem Herodes sich aufhielt, einstürzte und der

König unverletzt blieb; Josephus schließt diese Erzählung mit der Feststellung: »Und alle Welt glaubte, Herodes sei der Liebling Gottes« (Jüdische Altertümer XIV, 15,11).

Das Begräbnis des Herodes

Herodes ließ in der Nähe von Betlehem – um es Augustus mit seinem Mausoleum gleich zu tun – mitten in der Wüste eine prunkvolle Festung bauen, einen Palast, der auch nach ihm benannt wurde und in dem Herodes schließlich begraben wurde: Herodeion. Der König hatte selbst noch zu seinen Lebzeiten hier sein Grab herrichten lassen, das im Jahr 2007 nach langer Suche wieder entdeckt worden ist; und sein Sohn Archelaus richtete dem Vater nach dessen Tod hier ein pompöses Begräbnis aus. Flavius Josephus berichtet davon:

> »Archelaus trug Sorge, dass die Beerdigung des Vaters mit großem Aufwand vor sich gehe und dass man all seinen Schmuck vor ihm her trage, damit er ebenfalls an dem Leichenzug teilnehme. Der König wurde auf einer goldenen, mit Edelsteinen aller Art besetzten und einem Purpurteppich bedeckten Bahre getragen; die Leiche war in Purpurgewänder gehüllt und mit dem Diadem geschmückt, auf welchem ein goldener Kranz auflag; und zur rechten Hand lag das Szepter. Rings um die Bahre gingen die Söhne und die Menge der Verwandten, und hinter ihnen

schritten die Truppen, geteilt nach Nationalitäten und den Ehrennamen, die ihnen verliehen worden waren; als Erste die Lanzenträger, danach die thrakische Abteilung, auf diese folgten Germanen, so viele ihrer waren, hinter diesen die Abteilung der Galater – alle in Schlachtrüstung. Auf diese folgte das ganze Heer unter der Führung ihrer Abteilungs- und Linienkommandanten, wie wenn sie in den Krieg zögen. Diesen folgten fünfhundert Spezerei tragende Sklaven« (Jüdische Altertümer XVII, 8,3).

Der »Messias« Herodes konnte einen Messias Jesus nicht neben sich dulden

Die Magiererzählung im Matthäusevangelium arbeitet den Gegensatz des messianischen Anspruchs des Königs Herodes und des in Betlehem geborenen Jungfrauenkindes Jesus im Schrecken des Herodes deutlich heraus. Herodes beruft dann ja eine Versammlung aller Hohenpriester und Schriftgelehrten ein und erkundigt sich bei ihnen, »wo der Messias geboren werden soll«. Und mit Verweis auf Micha 5 wird ihm die Antwort zuteil: »In Betlehem in Judäa.« Die matthäischen Weihnachtsgeschichten werden also durch die Ankunft von Magiern in Gang gesetzt.

Man muss es sich immer wieder in Erinnerung rufen, der Text spricht nicht von drei Königen, sondern von »Magiern aus dem Osten«. Der Ausdruck »Magier« (griech. *magoi*) ist freilich missverständlich; woran dürfen wir denken? An weise, gelehrte, sternkundige Männer, wie sie die Antike im Orient kennt. Das griechische Wort *magoi* kommt vom Namen eines Stammes in Medien her; dieser Stamm nahm in der persischen Religion Priesterdienste wahr und beschäftigte sich auch mit Astronomie bzw. Astrologie, was damals eng verbunden war. »Magier« wurde so die Bezeichnung für aus dem Osten stammende Astrologen, Traumdeuter und Wahrsager – und nicht selten war mit ihrer Sternkundigkeit auch ihr geheimnisvolles Wissen um kosmische Zusammenhänge und ihre Fähigkeit zur Zauberei verbunden. So begegnet Paulus z. B. in Paphos auf der Insel Zypern dem »Magier« Barjesus Elymas, der in Apg 13,6.8 auch »Falschprophet« genannt wird.

In unserer Erzählung hat das Wort »Magier« freilich keine negativen Nebentöne; es geht bei diesen sternkundigen Männern um Suchende auf dem Weg zur Wahrheit. Joseph Kardinal Ratzinger hat in einem großen Vortrag in Jerusalem im Februar 1994 gesagt, dass »sie im messianischen Licht des Davidssterns in Israel nach dem suchen, der König der Völker sein wird. Ihr Kommen bedeutet, dass die Heiden nur dann Jesus entdecken und ihn als Sohn Gottes und Heiland der Welt anbeten können, wenn sie sich an die Juden wenden und von ihnen die messianische Verheißung empfangen.«

Vorbilder – Parallelen

Immer wieder hat man versucht, für die matthäische Geschichte von den Magiern und vom betlehemitischen Kindermord alle möglichen religionsgeschichtlichen Analogien aus heidnischer Literatur beizubringen. Doch dagegen lässt sich – ohne weitere Diskussion – nun sagen: Warum in die Ferne schweifen, wo das Gute liegt so nah? Die Bibel, die jüdische Tradition kennen eine eigenständige Abwandlung des Motivs von der »Gefährdung des Königskindes« in der Überlieferung vom Kind Moses und dem grausamen Pharao in Ägypten. Und auf die Nähe zu dieser Überlieferung weist sogar ein eindeutiges Zitat in unserem matthäischen Text hin; in Vers 20 heißt es: »die das Leben des Kindes suchen, sind gestorben«. Jedem fällt auf, dass hier der Plural »die … suchen« gebraucht wird, obwohl Herodes gemeint ist. Warum? Dieses Rätsel löst sich, wenn man im Buch Exodus nachschlägt; dort steht in 4,19: »Der Herr sprach zu Mose in Midian: Mach dich auf und kehr nach Ägypten zurück; denn alle, die dein Leben suchten, sind gestorben.«

Parallelen aus der Mosegeschichte

Die frühjüdische Überlieferung hat die Geschichte des Moses nacherzählt; in einer Version in der sogenannten »Chronik des Moses« lesen wir:

> »Im 130. Jahre, nachdem die Kinder Israels nach Ägypten gekommen waren, und 60 Jahre nach dem Tode Josephs hatte Pharao einen Traum: Ein Greis stand vor ihm und hielt eine Waage in der Hand. Er hieß alle Bewohner Ägyptens, Männer, Frauen und Kinder, auf die eine Waagschale steigen; auf die andere jedoch legte er ein Lamm. Und das Lamm wog alle Bewohner Ägyptens auf. Der König staunte und bedachte in seinem Herzen das Wunder, dieses große Wunder, dieses große Traumgesicht. Pharao erwachte, und siehe, es war ein Traum. Er versammelte alle Weisen Ägyptens und die Magier des Landes und erzählte ihnen seinen Traum. Das ganze Volk fürchtete sich sehr wegen des Traumes, bis endlich einer der Fürsten vor den Pharao hintrat und sprach: ›Dieser Traum bedeutet für Ägypten großes Unglück und Schrecken.‹ Der König fragte ihn: ›Wie verhält es sich damit?‹ Der Fürst antwortete: ›Den Kindern Israels wird ein Sohn geboren werden, der ganz Ägypten vernichten wird. Aber nun, mein Herr

und König, ich will dir einen guten Rat geben: Befiehl, dass jeder Knabe, der bei den Israeliten geboren wird, getötet werden soll. Vielleicht geht so der Traum nicht in Erfüllung.‹

Die Sache fand Gefallen in den Augen Pharaos und in den Augen seiner Höflinge, und der König ließ die ägyptischen Hebammen rufen«.

Wie es dann weiter geht, ist aus dem Buch Exodus bekannt. Die Parallelen zur Erzählung von Herodes und dem betlehemitischen Kindermord sind offensichtlich – und auch Magier sind zur Stelle, freilich in anderer Funktion.

Eine zweite Version

Es lohnt sich, noch eine zweite Version dieser Überlieferung kennenzulernen. Im »Midrasch Rabbah« lesen wir:

»›Und Pharao befahl seinem ganzen Volke‹ (Ex 1,22). Rabbi Yose ben Hanina sagte: Diese Verordnung richtete sich gegen sein eigenes Volk. Warum handelte er so? Weil ihm die Astrologen gesagt hatten: »Was den Erlöser Israels angeht, so geht seine Mutter bereits mit ihm schwanger, aber wir wissen nicht, ob es ein Israelit oder ein Ägypter ist.‹

Zur selben Stunde versammelte Pharao alle Ägypter und sprach zu ihnen:

›Überlasst mir durch neun Monate eure neugeborenen

Knaben, auf dass ich sie in den Fluss werfe.‹ Das ist der Sinn der Schriftstelle: ›Jeden Knaben, der geboren wird, sollt ihr in den Fluss werfen.‹ Es steht hier nicht geschrieben: ›Jeden israelitischen Knaben‹ sondern ›Jeden Knaben‹, sei es ein Jude oder ein Ägypter.

Sie wollten sich dem jedoch nicht fügen, da sie sich sagten: Niemals wird sie ein ägyptischer Knabe befreien, sondern nur ein von einer jüdischen Frau geborenes Kind.

›Ihr sollt sie in den Fluss werfen.‹ Warum wurde angeordnet, sie in den Fluss zu werfen? Weil die Astrologen gesehen hatten, dass der Erlöser Israels durch das Wasser heimgesucht würde; so dachten sie also, er würde im Wasser untergehen.«

Kein blosser Abklatsch

Da auch in Mt 1,18–25 deutliche Parallelen zur Mosehaggada, der frühjüdischen legendarischen Erzählung über Mose, dessen Eltern und dessen Schwester Mirjam vorliegen, darf man also davon ausgehen, dass auch Mt 2 von solcher Überlieferung inspiriert ist; nur ist Herodes an die Stelle Pharaos getreten – und die Magier rücken in ein ganz anderes, neues Licht, wie wir es oben schon von Kardinal Joseph Ratzinger hörten.

Dadurch erweist sich unsere Erzählung auch als relativ selbstständig und ist »keineswegs bloßer Abklatsch der Mosehaggadah« (Ulrich Luz), zumal in den frühjüdischen Mosetraditionen das Sternmotiv keine Rolle spielt. Die Magier in Mt 2 werden hingegen von einem Stern geführt.

Die Magier erschienen in Jerusalem

Dass die Magier ihren Weg über Jerusalem nehmen, ist dem »Wunderstern«, der sie führte, oft übel angekreidet worden. Durch ihr Vorsprechen in Jerusalem haben die Magier ja im Zuge der Erzählung den betlehemitischen Kindermord ausgelöst! Hätte der Stern die Weisen aus dem Osten nicht gleich nach Betlehem führen können, wo er doch in der Lage war, ihnen dort das Haus zu zeigen, in dem Jesus mit seinen Eltern war?!

Mit solchen Fragen und Argumenten kämpfte die Generation unserer exegetischen Lehrer vor 50 Jahren noch um die Anerkennung der historisch-kritischen Methode und vor allem um das Recht und die Pflicht – wie sie das Vatikanum II dann formulierte –, im Blick auf die biblischen Texte »literarische Gattungen« zu unterscheiden.

Im messianischen Licht des Davidssterns

Offenbar will unser Text in Mt 2 vom Kindermord des Herodes erzählen, und deshalb müssen die Magier, die beim Erscheinen eines neuen Sterns aus dem Osten aufgebrochen sind, nach Jerusalem kommen. Nur so produziert die Erzählung freilich auch eine theologische Deutungsschicht, wie sie Joseph Kardinal Ratzinger bei seinem schon erwähnten großen Jerusalemer Vortrag hervorgehoben hat; die Weisen aus dem Morgenland, so der Kardinal, gelten dem Katechismus der Katholischen Kirche »als Ursprung der Kirche aus den Heiden und als bleibende Spiegelung ihres Weges. Das Buch sagt dazu Folgendes: ›Dass die Weisen nach Jerusalem kommen, um dem König der Juden zu huldigen‹ (Mt 2,2), zeigt, dass sie im messianischen Licht des Davidssterns in Israel nach dem suchen, der König der Völker sein wird. Ihr Kommen bedeutet, dass die Heiden nur dann Jesus entdecken und ihn als Sohn Gottes und Heiland der Welt anbeten können, wenn sie sich an die Juden wenden und von ihnen die messianische Verheißung empfangen, wie sie im Alten Testament enthalten ist. Die Epiphanie bekundet, dass ›alle Heiden in die Familie der Patriarchen eintreten‹ und die *Israelitica dignitas* – die Würde Israels – erhalten sollen.«

Eine Darstellung der Sendung Jesu

Dass die Magier nach Jerusalem kommen, hat also über die »Fabel« des Textes, sein literarisches »Skelett« hinaus, eine tiefe Bedeutung gewonnen, die immer neu ausgeschöpft werden kann. Kardinal Joseph Ratzinger tat dies auf folgende Weise, indem er dem Text »eine erste Darstellung der Sendung Jesu selbst« entnimmt:

»Jesu Sendung ist demnach die Zusammenführung von Juden und Heiden zu einem einzigen Gottesvolk, in dem sich die universalistischen Verheißungen der Schrift erfüllen, die immer wieder davon sprechen, dass alle Völker den Gott Israels anbeten werden – bis dahin, dass wir bei Trito-Jesaja nicht mehr bloß von der Wallfahrt der Völker zum Zion lesen, sondern die Sendung von Boten zu den Völkern angekündigt wird, ›die noch nicht von mir gehört haben‹ … ›Und auch aus ihnen werde ich Männer als Priester und Leviten erwählen, spricht der Herr‹ (Jes 66,19.21).«

Für den Kardinal ist Mt 2 »ein Lehrstück über das Verhältnis von Weltreligionen, Glauben Israels und Sendung Jesu: Die Weltreligionen können zum Stern werden, der die Menschen auf den Weg bringt, sie auf die Suche nach dem Königtum Gottes führt. Der Stern der Religionen zeigt auf Jerusalem, er erlischt und geht neu auf im Wort Gottes, in der heiligen Schrift Israels. Das darin verwahrte Gotteswort erweist sich als der wahre Stern, ohne den und an dem vorbei das Ziel nicht zu finden ist.«

»Wo ist der neugeborene König der Juden?«

Das Motiv vom neugeborenen Königskind (oder Retter) ist in unserer Erzählung zunächst ganz in Opposition zum König Herodes gebraucht, der, wie wir alsbald erörtern werden, zusammen mit seiner ganzen Hauptstadt erschrickt. Im Rahmen des Matthäusevangeliums gewinnt es – wie im weiteren Rahmen des Neuen Testamentes – natürlich einen ganz neuen Horizont; denn Jesus ist ja als »König der Juden« am Kreuz hingerichtet worden. Damals gab es ja schon keinen König der Juden in Judäa mehr, sondern den römischen Präfekten Pontius Pilatus, den Statthalter des Kaisers.

Einen König Herodes (Antipas) gab es nur in Galiläa, den Landesfürsten Jesu, der Johannes den Täufer hatte hinrichten lassen und sich dann für Jesus, über den noch von mehr Zulauf berichtet wurde, entsprechend interessierte. Der Evangelist Lukas überliefert eine Szene, wonach Pharisäer Jesus vor seinem Landesfürsten warnten, worauf er geantwortet haben soll: »Geht, und sagt diesem Fuchs …« (Lk 13,31–33).

»Wir haben seinen Stern im Aufgang gesehen«

Über den seit Langem sogenannten Stern von Betlehem sind schon kleine Bibliotheken geschrieben worden, man hat sehr viel spekuliert, doch die meisten Spekulationen gehen in die Irre. Und auch viele astronomische Berechnungen gingen in die Irre, zumal jene, die nach einer Sternkonjunktion suchten. Es lohnt sich nicht, die Versuche zu referieren; denn der Text des Matthäus setzt mit dem griechischen Wort *aster* eindeutig einen Einzelstern und keine Sternkonjunktion voraus; der Text spricht von dessen »Aufgang«, also seinem ersten Erscheinen am Sternenhimmel.

Zudem erweist sich der Stern im Lauf der Erzählung doch als »Wunderstern«, der die Magier führen und ihnen sogar das Geburtshaus des »neugeborenen Königs« zeigen kann. Merkwürdig ist nur, wie wir schon anmerkten, dass der Stern die Magier nicht gleich an Jerusalem und an König Herodes vorbei nach Betlehem führt! Aber das ist auf der literarischen Ebene, bei der Konstruktion der Fabel der Geschichte ganz konsequent. Der Stern ist unschuldig, der Erzähler fügt seinen Erzählstoff absichtlich so, damit er seine theologischen Akzente setzen kann. Es ist also angebracht, nach dem Ursprung des Sterns in inspirierenden Erzähltraditionen zu suchen. Dabei darf man – obwohl wir wieder ins Gelände jüdischer Traditionen geführt werden – auch auf die gemeinantike Vorstellung vom Geburtsstern jedes Menschen und insbesondere der Herrscher denken. Sterne, besonders Kometen, gelten als Vorzeichen einer *mutatio regis* (Tacitus, Annalen 14,22), eines Herrschaftswechsels, der Geburt eines neuen Königs. Sterne sind auch auf antiken Münzen ein Symbol für Könige, z. B. auf Prägungen Alexanders des Großen, Caesars, des Kaisers Augustus und selbst seines Vasallen Herodes des Großen.

In der jüdischen Überlieferung taucht in der Kindheitsgeschichte Abrahams ein Stern auf; in einem Midrasch heißt es: »Als unser Vater Abraham geboren wurde, kam man vor den König Nimrod (in Chaldäa), und seine Sterndeuter sagten zu ihm: ›Dem Terach ist ein Sohn geboren worden; erwirb diesen von ihm und gib ihm alles, was er wünscht.‹ Nimrod fragte: ›Weshalb sagt ihr also?‹ Sie erwiderten: ›Wir haben gesehen, dass sich an jenem Tage, da er geboren wurde, ein Stern erhob‹.« Nimrods Magier haben also wie diejenigen, die aus dem Osten nach Jerusalem zu Herodes kommen, einen Stern im Aufgang gesehen.

Der »Stern aus Jakob«

Besonders wichtig ist die Frage, ob für die Bildung unserer Erzählung auch die Erinnerung an die Prophezeiung Bileams von dem »Stern aus Jakob« (Num 24,17) eine Rolle spielt. Dafür spricht, dass diese Prophezeiung schon früh, z. B. in den Qumranschriften messianisch gedeutet wurde. Auf einem fast unversehrt erhaltenen Blatt (4 Q test) sind verschiedene alttestamentliche Texte als Belege messianischer Erwartung zusammengestellt worden, darunter die vom Stern aus Jakob; es lohnt sich, ein solches Zeugnis einmal kennenzulernen:

»Und er sprach ... zu Moses folgendermaßen: Du hast gehört die Stimme der Worte dieses Volkes, die sie zu dir sprachen. Sie haben alles gut gesagt, was sie gesprochen haben. O dass doch ihr Herz so wäre, dass sie mich fürchten und halten alle meine Gebote alle Tage, auf dass es ihnen und ihren Söhnen gut gehen möge in Ewigkeit [Dtn 5,28–29]. Einen Propheten will ich ihnen erwecken aus der Mitte ihrer Brüder wie dich, und ich will geben meine Worte in seinen Mund, und er soll ihnen alles sagen, was ich ihm befehlen werde ... [Dtn 18,18–19].

Und er hob seinen Spruch an und sprach: Ausspruch Bileams, des Sohnes Beors, und Ausspruch des Mannes, dessen Auge vollkommen ist. So spricht der, der die Worte Gottes hört und die Erkenntnis des Höchsten erkennt, der ein Gesicht des Allmächtigen schaut, niederfallend und enthüllten Auges: ›Ich sehe ihn, aber nicht jetzt, ich betrachte ihn, aber nicht in der Nähe. Es geht ein Stern aus Jakob auf und erhebt sich ein Szepter aus Israel ...‹ [Num 24,15–17].«

Jakobs »Stern« wurde im Judentum zur Zeit Jesu auf den Messias gedeutet, wie wir durch die Qumranfunde wissen. In der Qumrangemeinde wurden gemäß deren Zweimessiaslehre – der davidische und der hohepriesterliche Messias wurden unterschieden – »Stern« und »Szepter« aus der Bileamsweissagung auf den priesterlichen bzw. den königlichen Messias gedeutet. In der qumranischen »Damaskusschrift« (VII, 19–20) heißt es z. B.: »Und der Stern, das ist der Erforscher des Gesetzes, der nach Damaskus kommt, wie geschrieben steht: Es geht ein Stern auf aus Jakob, und ein Szepter hat sich erhoben aus Israel. Das Szepter, das ist der Fürst der ganzen Gemeinde.«

Die Pläne eines bösen Königs werden verhindert

Die Bileamsgeschichte hat nun auch einen erkennbaren Vergleichspunkt zur matthäischen Magiererzählung: Bileam vereitelt die Pläne eines bösen Königs und kündigt an, dass Gott mit Israel im Bunde ist (Num 23,21) und dass sich in Israel ein »Szepter«, ein Herrscher, erheben wird. In der frühjüdischen Überlieferung wird Bileam auch als »Magier« bezeichnet, der »aus dem Osten« kommt. Zwischen Bileam und den Magiern der Moseüberlieferung, von denen wir erfuhren, gab es später auch noch weitere Beziehungen: Jannes und Jambres, die beiden Obermagier des ägyptischen Pharao, wurden als »Söhne Bileams« vorgestellt – oder nach einer anderen Tradition: Bileam selbst war derjenige, der dem Pharao seine Träume deutete.

Auch wenn diese Traditionen erst spät literarisch greifbar werden, können sie älter sein. Nicht ganz zu übersehen ist auch, dass es zwischen der Bileamerzählung und der matthäischen Magier- und Herodesgeschichte einige wenige charakteristische Wortübereinstimmungen gibt (»narren«, »zornig werden«). Man kann also keinesfalls ausschließen, dass die Bileamerzählung und deren weitere Ausschmückung auf unsere matthäische Erzählung eingewirkt haben. Dann dürfen wir bei dem Stern, den die Magier im Aufgang gesehen haben, an den »Stern aus Jakob« denken, welcher die Geburt des Messias anzeigt.

Der Katechismus der Katholischen Kirche bezeichnet den Stern als »Davidsstern«, und so verbindet er – nach den Worten von Joseph Kardinal Ratzinger – »die Geschichte von den Weisen zusätzlich mit dem Bileamspruch vom Stern, der aus Jakob aufgeht (Num 24,17), und sieht diesen Spruch seinerseits verknüpft mit dem Jakobssegen über Juda, der Herrscherstab und Szepter für den verheißt, ›dem der Gehorsam der Völker gebührt‹ (Gen 49,10). Der Katechismus sieht Jesus als diesen verheißenen Spross Judas, der Israel und die Völker im Königtum Gottes vereint.«

»Wir sind gekommen, ihm zu huldigen«

Die Magier aus dem Osten, die nach Jerusalem gekommen sind, erklären, sie seien in Israels Hauptstadt gekommen, um dem neugeborenen König zu »huldigen«. Das klingt so, als wäre – zumindest für sie – der Neugeborene schon inthronisiert. Das griechische Wort *proskyneo* führt die Vorstellung mit sich, dass man sich verehrend zu Boden wirft, und bedeutet im theologischen Zusammenhang auch so viel wie »anbeten«. Zweifellos soll es hier angesichts dessen, der in der matthäischen Kindheitsgeschichte zuvor schon als der »Immanuel« = »Gott mit uns« (Mt 1,23) eingeführt wurde, auch so verstanden werden. Jedenfalls ist klar, dass Herodes einen solchen neugeborenen »König der Juden« als einen Konkurrenten empfinden muss, der seine eigene Herrschaft bedroht.

Das Wort »huldigen« fällt im Fortgang unserer Erzählung noch zweimal: Herodes gibt vor, dem Kind auch huldigen zu wollen – und die Magier huldigen ihm wirklich, nachdem der Stern sie zu dem Haus geführt hat, wo Jesus mit seinen Eltern war.

»Huldigen« ist auch ein Lieblingswort des Evangelisten Matthäus, er lässt im Fortgang des Evangeliums viele Personen vor Jesus niederfallen: einen Aussätzigen (Mt 8,2), einen Synagogenvorsteher (Mt 9,18), die Jünger im Boot nach dem Seewandel Jesu, wo sie dann auch ausrufen: »Wahrhaftig, du bist Gottes Sohn« (Mt 14,33); dann eine kanaanäische Frau, die für ihre Tochter bittet (Mt 15,25), die Mutter der Zebedäussöhne (Mt 20,20) und schließlich nach Jesu Auferstehung die Frauen (Mt 8,9) und die elf Apostel (Mt 28,17).

Die Erzählung von den Magiern kann in diesem Zusammenhang also als ein Vorverweis darauf verstanden werden, dass auch die Heiden hinzukommen werden, dem wahren Gott und seinem Sohn zu huldigen. Kardinal Joseph Ratzinger schrieb: »Die Sendung Jesu besteht demnach darin, die Geschichten der Völker zueinanderzuführen in der Gemeinschaft der Geschichte Abrahams, der Geschichte Israels.«

König Herodes erschrak und ganz Jerusalem mit ihm

Die Reaktion des Königs und seiner Untertanen haben wir als Motiv schon in der Mosehaggada kennengelernt; was dort von dem Pharao und den Ägyptern gesagt war, wird hier von Herodes und den Jerusalemern erzählt. Herodes fürchtet um sein Königtum – und die Jerusalemer, so wird wohl zunächst zu verstehen sein, fürchten die Reaktionen ihres grausamen Despoten Herodes.

Das Matthäusevangelium führt jedoch in seinem Makrokontext deutlich darüber hinaus. Von der Reaktion des Herodes handelt die weitere Erzählung, von den Jerusalemern ist später bei der Schilderung des Einzugs Jesu in die heilige Stadt erneut die Rede: »Als Jesus in Jerusalem einzog, erbebte die ganze Stadt, und man fragte: ›Wer ist das?‹ Die Scharen (die ihn begleiteten) aber sagten: ›Das ist der Prophet Jesus von Nazaret in Galiläa‹« (Mt 21,10–11). Ganz zutreffend hat Ulrich Luz in seinem großen Matthäuskommentar ausgelegt:

»Jesus und die ihm zujubelnden Volksmengen sind inzwischen in der Stadt angekommen. Die Leser/-innen sind gespannt: Wie wird die Bevölkerung der Heiligen Stadt auf Jesus reagieren? Dass die ganze Stadt ›erbebte‹, zeigt zunächst, dass für Matthäus der Einzug Jesu nicht eine kleine Nebenerscheinung war, die höchstens einige mit Jesus hinaufziehende galiläische Festpilger bewegte. Griech. *seiesthai* lässt an ein Erdbeben denken; das Wort meint keine Bewegung der Freude, sondern eine Erschütterung durch Furcht« – wie später bei den Grabeswächtern (Mt 28,4). Ähnlich geschah es schon früher, als die ganze Stadt Jerusalem durch die Kunde von der Geburt des Messiaskindes in Bestürzung geriet (Mt 2,3).«

Die Zeit der Gnade nicht erkannt

Im Lukasevangelium ist das, was auch schon bei Matthäus mitschwingt, näher gedeutet:

> »Als Jesus näher kam und die Stadt (Jerusalem) sah, weinte er über sie und sagte: ›Wenn doch auch du an diesem Tag erkannt hättest, was dir den Frieden bringt. Jetzt aber bleibt es vor deinen Augen verborgen ... Du hast die Zeit der Gnade nicht erkannt‹« (Mt 19,41–42.44).

Matthäus lässt vorausahnen, dass Jesus, der »neugeborene König der Juden«, in Jerusalem unter dem Titel »Der König der Juden« am Kreuz hängen wird. Und dann spricht er als einziger Evangelist von einem wirklichen Erdbeben – freilich von einem, das den Tod des »Königs der Juden« als eschatologische Heilsstunde zu verstehen gibt. Nachdem der gekreuzigte »König der Juden« seinen Geist ausgehaucht hat, heißt es: »Da riss der Vorhang im Tempel von oben bis unten entzwei. Die Erde bebte, und die Felsen spalteten sich. Die Gräber öffneten sich, und die Leiber vieler Heiliger, die entschlafen waren, wurden auferweckt« (Mt 27,51–52).

Der Schrecken des Herodes und das Erbeben Jerusalems stehen also auch für das erschütternde Unverständnis der ungläubigen Welt angesichts des Kommens ihres Heilskönigs, damals und heute.

Die Versammlung aller Hohenpriester und Schriftgelehrten

Die Versammlung aller Hohenpriester und Schriftgelehrten, die Herodes der Große einberuft, erinnert an die Versammlung der Magier, die der Pharao in der Mosehaggada einberief. Hier ist sie jedoch die Repräsentation des »Volkes«, d.h. des jüdischen Volkes, das vom Hohen Rat geführt wird, in dem Hohepriester und Schriftgelehrte neben den Ältesten die entscheidenden Personen sind. Die Hohenpriester sind Angehörige der hohenpriesterlichen Familien, die jeweils den Hohenpriester selbst stellten; d.h. zur Zeit des Herodes wurden sie vom König bestimmt – wie auch die Inhaber der anderen wichtigen Tempelämter. Schriftgelehrte fanden sich in den beiden wichtigsten Richtungen, unter den Sadduzäern, welche zur Klientel der hohenpriesterlichen Familien gehörten, wie unter den Pharisäern, der modernen Laienbewegung in Israel, welche das Volk wieder zum von Gott gewollten »heiligen, priesterlichen« Volk machen wollte, indem nach Möglichkeit auch die Bestimmungen der Tora für die Priester von den Laien übernommen werden sollten. Die Versammlung, die Herodes einberuft, ist bei Matthäus auch schon »ein ›Signal‹ auf das hin, was sich in der Passionsgeschichte ereignen wird« (Ulrich Luz).

Matthäus gehört zu den Evangelisten, welche von den Gegnern Jesu so erzählen, dass sie dabei die ursprüngliche historische Situation überschreiten.

Hohepriester und Schriftgelehrte

Die Gegner Jesu werden im Matthäusevangelium systematisch gruppiert; es gibt »die Pharisäer und die Schriftgelehrten«, »die Pharisäer und die Sadduzäer«, »die Pharisäer und die Hohenpriester«, dann »die Ältesten, die Hohenpriester und die Schriftgelehrten«, »die Hohenpriester und die Ältesten des Volkes«.

Von den »Hohenpriestern und den Schriftgelehrten« spricht Matthäus später wieder im Zusammenhang der Passion Jesu in Jerusalem: »Als Jesus nach Jerusalem hinaufzog, nahm er unterwegs die zwölf Jünger beiseite und sagte zu ihnen: ›Wir gehen jetzt nach Jerusalem hinauf; dort wird der Menschensohn den Hohenpriestern und Schriftgelehrten ausgeliefert; sie werden ihn zum Tode verurteilen und den Heiden übergeben, damit er verspottet, gegeißelt und gekreuzigt wird‹« (Mt 20,17–19). Nach der Tempelreinigung in Jerusalem heißt es: »Als nun die Hohenpriester und die Schriftgelehrten die Wunder sahen, die er tat, und die Kinder im Tempel rufen hörten: ›Hosanna dem Sohn Davids!‹, da wurden sie ärgerlich« (Mt 21,15). Schließlich finden sich »die Hohenpriester und

Schriftgelehrten« noch zusammen mit den Ältesten beim Kreuz Jesu ein, um ihn zu verhöhnen: »Anderen hat er geholfen, sich selbst kann er nicht helfen. Er ist doch der König von Israel!« (Mt 27,41–42). Für den »neugeborenen König« hatten sie sich nicht weiter interessiert, den gekreuzigten »König Israels« verhöhnen sie.

Im Matthäusevangelium wirkt das spätere Geschehen somit auch auf die Deutung des Anfangs zurück, bei der von Herodes einberufenen Versammlung in Jerusalem.

Wo der Messias geboren werden soll

Herodes legt dieser Versammlung die Frage vor, wo denn der »Messias« geboren werden solle; er sieht in dem neugeborenen »König der Juden« nicht nur einen königlichen, sondern ebenso den messianischen Rivalen, weil er sich selbst für den Messias ausgab.

Wir erfuhren schon, dass Herodes der Messias der Juden sein wollte. Er setzte den jüdischen Messias-Titel an die Stelle des heidnischen Titels des »Erlösergottes«. Und er forderte von seinen jüdischen Untertanen, ihn als den messianischen König anzuerkennen – gemäß den Weissagungen der alten Propheten Israels. Sein Reich sollte ein messianisches Reich sein, da er doch das davidische Großreich wiederhergestellt hatte. Abraham Schalit merkt freilich an: »Doch hatte diese Messianität des Herodes mit dem echten messianischen Gedanken des jüdischen Volkes auch nicht das mindeste zu schaffen.«

Herodes hat freilich versucht, seinen Gegnern zu beweisen, dass er von David abstamme; er hatte keinerlei innere Hemmung, einen solchen Beweis durch die künstliche Anfertigung eines Stammbaums zu erbringen, zumal die Anfertigung von Stammbäumen zu innen- und außenpolitischen Zwecken in der antiken Welt gang und gäbe war. Bemerkenswert ist auch die Behauptung des Herodes, seine Vorfahren seien babylonisch-jüdische Exilanten gewesen, die aus dem Exil nach Judäa heimgekehrt seien.

In diesem Punkt hätte er, falls seine Behauptung zugetroffen hätte, sogar wahrscheinlich Jesus geglichen; denn nach einer ansprechenden Hypothese von Bargil Pixner wurde das unbedeutende Nazaret von einer Sippe von davidischen Spätheimkehrern aus dem Babylonischen Exil besiedelt, sodass Jesus, wie wir noch hören werden, zu einer Gruppe davidischer Nazoräer gehörte.

Auseinandersetzung mit falschen Messiasansprüchen

Herodes sah sich, wie Abraham Schalit gezeigt hat, als »ein Liebling Gottes, der von Geburt auf zum Königtum über Israel bestimmt war. Diese Bestimmung legte ihm eine besondere Pflicht auf: dem davidischen Reich seinen alten

Glanz zurückzugeben. Und das ist nach dem Glauben der Zeitgenossen des Herodes und der späteren Geschlechter die Bestimmung des Messias, des Sohnes Davids.«

Auf dem Boden solcher Erkenntnisse wird man auch die matthäische Erzählung vom betlehemitischen Kindermord noch einmal neu in ihrer politischen Bedeutung lesen, auch als Auseinandersetzung mit dem falschen Messiasanspruch des Königs Herodes.

Deutlich zeigt die Erzählung zunächst, wie die Repräsentanten des jüdischen Volkes sich von Herodes instrumentalisieren lassen und sich selbst für den Messias nicht interessieren. Auch damit will Matthäus vielleicht schon auf die Passion Jesu vorverweisen, in der ja auch der Hohe Rat mit dem römischen Prokurator zusammenarbeitet, um Jesus aus der Welt zu schaffen. Dieser Vorverweis wird dadurch gestützt, dass die Verbindung von »König der Juden« und »Messias« auch in der Passionsgeschichte hergestellt wird: Der Hohepriester fragt Jesus, ob er »der Messias, der Sohn Gottes« sei (Mt 26,63), Pilatus fragt ihn, ob er »der König der Juden« sei (Mt 27,11). Die römischen Soldaten verspotten Jesus als »König der Juden« (Mt 27,29), die Hohenpriester mit den Schriftgelehrten und Ältesten als »König Israels« und »Sohn Gottes«, also mit zwei messianischen Titeln (vgl. die Parallelen in Mk 15,32 und Lk 23,35).

Betlehem In Judäa

Über Betlehem und die an die Stadt Davids gebundenen messianischen Erwartungen haben wir oben schon ausführlich gehandelt. Die von Herodes einberufene Versammlung der Hohenpriester und Schriftgelehrten scheint unisono, wie aus einem Mund, zu sprechen; so soll angedeutet werden, dass für die Repräsentanten und damit für das jüdische Volk klar ist, »wo der Messias geboren werden soll«.

Der Zusatz »in Judäa«, die Beifügung des Landschaftsnamens oder Landesteils zum Ortsnamen, wiederholt die Angabe vom Eingang der Erzählung, wo Jesu Geburt »in Betlehem in Judäa« lokalisiert war, und verweist schon auf das nachfolgende, begründend beigefügte Prophetenzitat (Micha 5,1.3), das hierauf abgestimmt ist. Denn im hebräischen wie im griechischen Text des Buches des Propheten Micha ist in 5,1 zunächst (vor der Nennung der Gaue bzw. »Fürstenstädte« Judas) nicht von »Juda«, sondern von »Ephrata« die Rede, womit ein anderer Horizont – Gebiet der Efratiter, Nähe des Rachelgrabes etc. – angedeutet wird. Für den Kontext einer Gegenüberstellung des neugeborenen »Königs« mit dem regierenden König Herodes ist die Nennung von dessen Herrschaftsgebiet Juda wichtiger; vielleicht war manchen frühen Hörern oder Lesern auch noch gegenwärtig, dass Herodes in der Nähe Betlehems seine große Festung Herodeion ausgebaut hatte, von der wir oben auch schon sprachen.

Die Prophetie vom Geburtsort des Messias

Der Geburtsort des Messiaskönigs entspricht, so lässt es der »Kronrat« des Herodes wissen, einer Prophetie. Das Zitat ist im Munde der (hier noch) uninteressierten späteren Gegner Jesu nicht wie die übrigen Schriftzitate in Mt 1–2 als »Erfüllungszitat« formuliert – obwohl der Evangelist gewiss damit rechnet, dass seine Leser auch hier die Erfüllung der Verheißungen gegeben sehen. Doch hat der Evangelist das Zitat durch Einfügung und Erweiterung auf den königlichen Messias hin geformt: Der aus Betlehem Kommende, der daraus »hervorgeht«, ist ein »Fürst«, der – so lautet in Übereinstimmung mit der Wendung »Fürstenstädte« die Erweiterung mit 2 Sam 5,2 – »mein Volk«, d.h. das Volk Gottes, »weiden wird« – wie David es im Namen und Auftrag JHWHs getan hatte. Der messianische Fürst ist weniger als »Herrscher« denn als »Hirt« (Micha 5,3) vorgestellt – Herodes ist ein grausamer Herrscher, Jesus wird als »sanftmütiger König« (Mt 21,5 mit Sach 9,9) in Jerusalem einziehen.

Der Leser und Hörer der Erzählung wundert sich – ohne Anleitung des Erzählers – gewiss darüber, dass die

Repräsentanten des jüdischen Volkes, die Herodes beraten, sich um ihren Messias, den »neugeborenen König« gar nicht kümmern. Dieses Desinteresse wird dann später ja, wie wir schon anmerkten, auch in offene Gegnerschaft umschlagen – bis hin zur Verurteilung Jesu und zur Verspottung des Gekreuzigten.

Die Audienz der Magier beim König

Die Audienz beim König, die den Magiern dann gewährt wird, erfolgt heimlich. Die Erzählung gewinnt dadurch un-heimliche Züge. Herodes erkundigt sich bei den Magiern nach der Zeit, zu welcher der Stern ihnen erschien, d. h. nach der Zeit seines Aufgangs. Da der König vorgibt, er wolle kommen und dem Kind huldigen, merkt man an dieser Stelle noch nicht, dass der heimtückische Herrscher schon den Kindermord vorbereitet; denn die Erscheinungszeit des Sterns lässt ihn dann ja festsetzen, ab welchem Alter und darunter die Knaben in Betlehem und Umgebung umgebracht werden sollen.

Heimlichkeit und Heimtücke

Dass der König die Magier heimlich zu sich kommen lässt, erweist sich im Nachhinein auch schon als Anhaltspunkt für seinen mörderischen Plan. Niemand soll Verdacht schöpfen, dass er etwas gegen das neugeborene Kind unternehmen wolle. Dass die heimliche Befragung der Magier durch den König sich »am besten aus der Scheu vor der Magie und den Sternen« (Joachim Gnilka) erkläre, ist hingegen durch den Text selbst nicht nahegelegt. Der Leser erhält vielmehr den Eindruck, dass Herodes versucht, die Magier in seine schon gefassten Pläne einzubeziehen. Sie sollen ihm Bericht erstatten, nachdem sie sich genau kundig gemacht haben.

»Erforscht genau, wo das Kind ist«

Wieso Herodes nicht selbst nach dem Kind forscht oder seine Häscher gleich hinter den Magiern herschickt, ist eine Frage, die den Erzählduktus überfordert. Der Erzählung kommt es ja zunächst auf den Kontrast an, dass sich die Repräsentanten Israels, die zuerst aufbrechen müssten, um ihrem wahren König zu huldigen, von dem sie durch ihre Schriften wissen, fernhalten, während die Magier als die Vertreter der »Völker« hingehen und ihm huldigen.

Das Wörtchen »genau« fällt zweimal: Herodes lässt sich »genau« die Zeit des Aufgangs des Sternes sagen – und er erwartet von den Magiern, dass sie »genau« erforschen, wo das Kind ist. Die Genauigkeit dient dann der genauen Ausführung der Mordpläne des Königs. Für heutige Ohren wird die »Genauigkeit« der Mordpläne unserer Vorfahren schon hörbar.

Der Wunderstern

Dass der Stern, den die Magier »im Aufgang« gesehen hatten und der sie – so schließt der Leser – schon nach Jerusalem geführt hatte, nach ihrer Audienz beim König Herodes wieder erschien und nun vor ihnen herzog und ihnen schließlich das Haus anzeigte, wo das neugeborene Kind zu finden war, charakterisiert ihn deutlich als einen »Wunderstern«. Mit »und siehe« wird vom Erzähler die Überraschung markiert, welche die Magier erfahren, die offenbar in der Nacht von Jerusalem nach Betlehem weiterziehen und durch den Stern die schriftgelehrte Auskunft bestätigt sehen, die sie bei der Audienz beim König durch dessen Hofrat erfahren hatten.

Der »Umweg« des Sterns

Freilich fragt man sich, warum jetzt nochmals eine Führung durch den Stern notwendig war; die Magier hätten sich doch in Betlehem zu dem neugeborenen Kind durchfragen können. Und mehr noch: Vor allem fragt man sich, warum der Weg über Jerusalem und damit die Auslösung des furchtbaren Geschehens im Kindermord nötig war, wenn der Stern doch sogar genau das Haus, in dem Jesus war, anzeigen konnte, indem er über ihm stehen blieb. Der Erzähler ist an solchen Fragen offenbar nicht interessiert, sondern nur an der übergroßen Freude der Magier, die ihre Huldigung vorbereitet, bei der sie freigiebig ihre Schatztruhen öffnen.

Den Auslegern in der Alten Kirche, die ohne formgeschichtliches Methodenbewusstsein das geschilderte Geschehen für bare Münze nahmen, machten die angeschnittenen Fragen allerdings große Schwierigkeiten. Wenn Gott – gegebenenfalls durch einen Engel – den Stern führte, warum dann der Umweg über Jerusalem zu Herodes? Warum mussten so viele Kinder sterben? Wieso rettet Gott das Messiaskind auf Kosten so vieler anderer unschuldiger Kinder? Wie einst Israel auf Kosten Ägyptens!

Vielleicht gab man sich zunächst damit zufrieden, dass Herodes mit einem schrecklichen Tod gestraft worden war. Davon erzählt Josephus Flavius:

> »In der Folgezeit ergriff eine Krankheit seinen ganzen Körper und machte sich an den verschiedensten Stellen durch mannigfache Beschwerden geltend. Das Fieber war nicht heftig, es stellte sich aber auf der ganzen Haut ein unerträglicher Juckreiz ein; ununterbrochen quälten ihn schwere Leibschmerzen, an den Füßen bildeten sich An-

> schwellungen wie bei einem Wassersüchtigen, am Unterleib eine Entzündung und an den Geschlechtsteilen ein eiterndes Geschwür, das Würmer hervorbrachte. Atmen konnte er lediglich bei aufrechter Haltung und auch dann nur mit Beschwerden, dazu kamen schließlich Krämpfe an allen Gliedern« (Jüdischer Krieg I, 656–658).

Josephus fügt hinzu, dass »prophetische Männer erklärten, seine Plagen seien die Strafe für den Mord«, den er an jüdischen Gelehrten begangen hatte. Ähnlich konnten auch die frühen Christen im Sinne des Topos vom schrecklichen Tod der Christenverfolger denken (siehe Laktanz, »De morte persecutorum«). Dazu bot schon die Apostelgeschichte mit ihrem Bericht über den Tod des Herodesenkels Agrippa I., der den Zebedaiden Jakobus hatte hinrichten und Petrus einkerkern lassen, einen Anhalt (vgl. Apg 12,19b–23).

Später behalfen sich die Kirchenväter mit der Auskunft, aus den unschuldigen Kindern wäre ohnehin nichts Gutes geworden – so Johannes Chrysostomus, der freilich damit wenig Zustimmung fand –, oder sie seien als unschuldige Märtyrer am Leiden Christi beteiligt worden (so Leo der Große und Cyprian). Waren sie vorbildliche Märtyrer geworden, so hinderte auch kaum noch etwas, ihre Zahl bis zu 14.000 Kindern in der byzantinischen Tradition oder gar bis zu 64.000 in der syrischen Tradition zu steigern.

Die Szene von der Huldigung der Magier hat in der Geschichte der Kunst ein großes, vielfältiges Echo gefunden. Wer erinnert sich nicht an die Vielfalt der Huldigungsszenen der »drei Könige« mit ihrem Gefolge. Demgegenüber ist unsere Erzählung sehr nüchtern. Sie setzt selbstverständlich voraus, dass Jesus, »das Kind mit Maria seiner Mutter« – Joseph bleibt hier aus dem Blick, der Erzähler hat ihm seine eigene Führungs-Rolle zugedacht –, in einem »Haus« zu finden ist, in das die Magier nun hineingehen.

Die Schätze der Magier

Dann heißt es von ihnen nur, dass sie »ihm«, dem neugeborenen König, wie sie sich es vorgenommen hatten, »huldigten«. Und das Hauptaugenmerk liegt nun auf ihren Schatztruhen, die sie öffnen und aus denen sie dem Kind Geschenke darbringen: »Gold und Weihrauch und Myrrhe«. Diese Geschenke haben schon in der alten Kirche, noch mehr aber im Mittelalter die Fantasie der Theologen und Künstler beflügelt. Zweifellos sind es kostbare Gaben.

Weihrauch, ein an der Luft getrocknetes Harz, von Bäumen der Gattung Boswelia gewonnen, stammt aus dem südarabischen Küstengebiet, wo man die sagenhafte Königin von Saba beheimatet wusste. Wenn Weihrauch auf brennende Kohlen aufgelegt wird, entwickelt er einen wohlriechenden aromatischen Duft. In der Antike gehört er neben der Myrrhe zu den begehrtesten Aromata. Auch heilende Wirkung wurde ihm zugesprochen.

Myrrhe gehört auch zu den kostbaren Duftstoffen, die in der Bibel genannt werden. Der Myrrhenbaum ist eher klein, auch dornig; doch das harzige Öl, das an Wundstellen seiner Zweige ausgeschieden wird, ist nicht nur bitter, sondern sehr wohlriechend. Es verfestigt sich zu gelblichroten bis braunen Körnern, die wie der Weihrauch als Räuchermittel in Gebrauch waren: »Wer ist sie, die da aus der Steppe heraufsteigt in Säulen von Rauch, umwölkt von Myrrhe und Weihrauch, von allen Wohlgerüchen der Händler«, heißt es im Hohen Lied 3,6. Pulverisiert wurde Myrrhe auch in kleinen Beutelchen von den Frauen als Parfum benutzt.

Gold schließlich ist konkurrenzlos, der Inbegriff aller Kostbarkeiten; es ist in Aufzählungen im Laufe der biblischen Geschichte an die erste Stelle gerückt und hat dort dem Silber seinen Platz streitig gemacht. Jedoch, in unserer Dreierreihe könnte ursprünglich – zumal wenn unser griechischer Text auf eine aramäische Vorlage zurückgehen sollte – ein weiterer Duftstoff gemeint gewesen sein:

In Jes 60,6 ist von ZHB die Rede, das nach dem südarabischen DHB als »Räucherwerk« gedeutet werden kann. Allerdings ist in der griechischen Bibel wie in Mt 2,11 nun eindeutig »Gold« gemeint.

Aus den »Magiern« wurden »Könige«

Jes 60,6 ist jedenfalls einer der alttestamentlichen Verse, die hier im Hintergrund stehen; hier wird im Rahmen einer Völkerwallfahrt zum Zion gesagt: »Zahllose Kamele strömen ins Land, Dromedare aus Midian und Efa, ganz Saba kommt, bringt Weihrauch und Gold und verkündet den Ruhm des Herrn.« Der zweite alttestamentliche Text, der in Erinnerung gerufen wird, ist ein Psalmvers, der auf den messianischen Friedenskönig und sein Reich gesungen wird: »Die Könige von Tarschisch und von den Inseln bringen Geschenke, die Könige von Saba und Seba kommen mit Gaben. Alle Könige müssen ihm huldigen, alle Völker ihm dienen« (Ps 72,10–11).

Die beiden alttestamentlichen Texte trugen dazu bei, dass im Laufe der Überlieferung aus den Magiern »Könige« wurden; denn auch in Jes 60 ist im Kontext vor und nach unserem Vers von Königen die Rede: »Völker wandern zu deinem Licht, und Könige pilgern zu deinem strahlenden Glanz« (Jes 60,3), und: »Fremde bauen deine Mauern, ihre Könige stehen in deinem Dienst« (Jes 60,10).

Die Dreizahl der Könige richtete sich selbstverständlich nach der Dreizahl der Gaben der Magier.

Schon früh ist eine allegorische Deutung der drei Gaben entstanden. Schon beim Kirchenvater Origenes (Gegen Celsus 1,60) findet sich die Deutung des Goldes auf Jesu Königswürde, der Myrrhe auf seinen Tod und des Weihrauchs auf seine Gottheit, der wahre »Huldigung« gebührt.

In der Kirche des Westens bekamen die drei Könige seit dem 6. Jahrhundert auch ihre Namen: Baltasar, Melchior und Kaspar. Und so haben sie dann ihre »Karriere« gemacht bis zu den Sternsingern der heutigen Zeit.

Traumweisungen

Auch die Traumweisungen verbinden unsere Erzählung mit der Mosehaggadah. Jedoch ist der Traum in der ganzen Bibel ein Mittel des Empfangs göttlicher Offenbarungen, die keiner Traumdeuter bedürfen. Dies gilt insbesondere für die »Botschaftsträume«, in denen der Träumer Weisungen empfängt.

Josephus Flavius, der jüdische Historiker, erzählt auch öfter von Träumen. In der matthäischen Kindheitsgeschichte ist der Weisungstraum als erzählerisches Mittel, das den Fortgang des Geschehens steuert, gleich fünfmal eingesetzt: Joseph erhält vom »Engel des Herrn«, der ihm im Traum erscheint, die Weisung, Maria als seine Frau zu sich zu nehmen (Mt 1,20), dann vor Herodes nach Ägypten zu fliehen (Mt 2,13), dann ins Land Israel zurückzukehren (Mt 2,20) und schließlich sich in Nazaret in Galiläa niederzulassen (Mt 2,22); die fünfte Traumweisung erhalten die Magier, die von Betlehem nicht mehr nach Jerusalem zu Herodes zurückkehren sollen (Mt 2,12). Später im Evangelium reagiert auch die Frau des Pilatus auf einen Traum: Sie hat um Jesus, des »Gerechten« willen, im Traum viel gelitten und warnt ihren Mann, Jesus etwas anzutun (Mt 27,19).

Rückkehr auf einem anderen Weg

Die Magier, so wird erzählt, kehren auf die Traumweisung hin »auf einem anderen Weg« in ihre Heimat zurück. Freilich bleibt »ihr Land« auch jetzt so unbestimmt wie am Anfang, wo es nur hieß, dass sie »aus dem Osten« kamen. Der Erzähler ist weiter nicht mehr an ihnen interessiert. Sie sind ja auch in ihrer Anonymität belassen, die erst die spätere Überlieferung mit den Namen Baltasar, Kaspar und Melchior aufgehoben hat.

Die Erzählung ist auch nicht an der Bestimmung der Dauer des Aufenthalts der Magier in Betlehem interessiert, sie sagt auch nichts darüber, ob und wie diese im Städtchen oder an dessen Rand als fremde Reisende aufgefallen wären (woraufhin Herodes ja hätte durch seine Spitzel Erkundigungen einziehen können!). Wie auf einer Bühne geht mit ihrem Abschied ein Akt zu Ende, und der nächste beginnt alsbald wieder mit einem Traumgesicht: »Als sie aber fortgezogen waren, siehe ...«

Die Flucht nach Ägypten

Joseph wird im Traum angewiesen, mit dem Kind und seiner Mutter, wie es in dieser Reihenfolge immer wieder heißt, »nach Ägypten« zu fliehen. Gottes Eingriff durch seinen Engel, der Joseph im Traum erscheint, kommt den Aktionen des »genarrten« Herodes zuvor, zum Schutz des Kindes. Unwillkürlich erinnert man sich an eine apokalyptische Fassung des Motivs der Rettung vom Königskind in der Offenbarung des Johannes, wo es heißt: »Der Drache stand vor der Frau, die gebären sollte; er wollte ihr Kind verschlingen, sobald es geboren war. Und sie gebar ein Kind, einen Sohn, der über alle Völker mit eisernem Stab herrschen wird. Und ihr Kind wurde zu Gott und zu seinem Thron entrückt« (Offb 12,4–5). Gott schützt auch hier seinen Messias.

Ägypten, das Zufluchtsland

In der matthäischen Legende geschieht das durch die Flucht der Heiligen Familie nach Ägypten. Ägypten, das Land der Pharaonen, war für Israel nicht nur das Land der ehemaligen Knechtschaft, aus dem Mose die Kinder Israels herausgeführt hatte; Ägypten war schon vorher und auch nachher in der Geschichte Israels auch ein Zufluchtsort, wenn Hunger oder Tod drohte. In 1 Kön 11,17 wird von Hadad erzählt, der »entfliehen und nach Ägypten entkommen konnte«. In 1 Kön 11,40 heißt es z.B.: »Salomo suchte nun Jerobeam zu töten. Doch dieser machte sich auf und floh nach Ägypten zu Schischak, dem König von Ägypten. Dort blieb er bis zum Tod Salomos.« In Dtn 23,8 werden die Ägypter in einem Gesetzestext auch ganz positiv erwähnt: »Der Ägypter soll dir kein Gräuel sein, denn du hast als Fremder in seinem Land gewohnt.« Auch Flavius Josephus erzählt wiederholt von Fluchten nach Ägypten, das also als Zufluchtsland für in Israel Verfolgte und Gefährdete gelten kann.

Judäa wurde zu »Ägypten«

Die Weisung an Joseph enthält auch eine Voraussage über das Verhalten des Herodes, von dem im nächsten Abschnitt erzählt wird: »Herodes wird das Kind suchen, um es zu vernichten.« Die Erzählung erinnert wieder an die

Mosehaggadah, die den biblischen Bericht Ex 1–2 ausgeschmückt hat: Danach hat Pharao nicht nur den Israeliten misstraut, weil sie zu einem großen und starken Volk wurden, wie es in Ex 1,8 ff geschildert ist, sondern weil ihm, wie Flavius Josephus in den Jüdischen Altertümern II, 205 überliefert, von einem seiner »Schriftgelehrten« angekündigt worden sei, »dass zu jener Zeit (*kairos*) den Israeliten jemand geboren werde, der die ägyptische Hegemonie (Vorherrschaft) erniedrigen werde« – zugunsten der Israeliten. Daraufhin habe der Pharao den Befehl erteilt, alle israelitischen neugeborenen Knaben in den Nil zu werfen. Herodes wird ähnlich reagieren und alle Knaben unter zwei Jahren ermorden lassen.

Vielleicht soll der Hörer und Leser der Erzählung als eine Pointe auch heraushören, dass angesichts der Geburt des Messias durch dessen Ablehnung Judäa wie Ägypten geworden ist und Ägypten vorübergehend ein Zufluchtsland. Einen ähnlichen Gedanken finden wir jedenfalls in der Offenbarung des Johannes, wo von Jerusalem, »der großen Stadt«, gesagt ist: »Diese Stadt heißt, geistlich verstanden: Sodom und Ägypten; dort wurde auch ihr Herr gekreuzigt« (Offb 11,8).

Der gehorsame Joseph

Wie in Mt 1,24 wird vom Erzähler der Gehorsam des Joseph hervorgehoben; dort hieß es: »Als Joseph erwachte, tat er, was der Engel des Herrn ihm befohlen hatte.« Wie dort wird auch jetzt in 2,14 beschrieben, dass und wie Joseph genau das tut, was ihm vom Engel des Herrn im Traum gesagt worden war: »Er stand auf, nahm das Kind und seine Mutter und zog fort nach Ägypten.« Hinzugefügt ist das kleine Wort »nachts«. Es deutet an, dass Joseph sofort handelte – angesichts offenbar drohender Gefahr, die keinen Verzug erlaubte. Er zögerte nicht.

Joseph gehorcht auch der Weisung, dass er in Ägypten bleiben solle, bis er eine neue Weisung erhalten habe. Diese erreichte ihn erst nach dem »Ende des Herodes«, wie jetzt erzählerisch vorweggenommen wird. In Vers 20 wird es dann heißen – im Zitat aus Ex 4,19 – dass »die das Leben des Kindes suchen, gestorben sind«.

Danach wird dann auch in Vers 21 erneut der Gehorsam des Joseph beschrieben, der genau das tut, was ihm der Engel des Herrn sagt: »Er aber stand auf, nahm das Kind und seine Mutter und kam hinein in das Land Israel.«

Der »gerechte« Joseph

Auf diese Weise wird dann auch weiter erläutert, was es bedeutet, dass Joseph in Mt 1,19 als »gerecht« vorgestellt worden war. Gerechtigkeit erweist sich nicht nur im Gehorsam gegen die Tora, das geschriebene Wort Gottes, sondern auch im Hören auf Gottes lebendige Stimme in der jeweiligen Gegenwart seines Volkes, das er durch seine Boten führt und schützt. Hatte Joseph im Sinne der an die Tora gebundenen Gerechtigkeit Maria entlassen wollen, aber auf die Weisung des Engels gehört, sie ohne Bedenken zu sich zu nehmen, so folgt er nun nach der Geburt Jesu auch allen Weisungen, die dazu dienen, »das Kind und seine Mutter« vor den Verfolgern zu retten. Wer wie Joseph darauf bedacht ist, Gottes Volk in seinen Gemeinden zu behüten, wird auch heute auf die Stimme Gottes, seine Weisung, zu hören vermögen.

»Aus Ägypten rief ich meinen Sohn«

Das Erfüllungszitat, das vom Herrn, also von Gott selbst, durch den Mund des Propheten – Hosea wird nicht genannt; das Zitat steht in Hos 11,1 – gesprochen wird, zeigt, dass Matthäus daran liegt, Jesus als Sohn Gottes durch Gott selbst ausweisen zu lassen; dieselbe Einleitungsformel zum Zitat »damit erfüllt würde, was vom Herrn gesprochen wurde durch den Propheten, der sagt«, hatte der Evangelist schon in Mt 1,22 benutzt – im Blick auf die nachfolgende Rede vom »Sohn« in Jes 7,14, der vom Heiligen Geist gezeugt und von der Jungfrau geboren wird.

Jesus – der »Sohn Gottes«

Dass die Rede von Jesu als »Sohn Gottes« schon von Anfang an in den ersten judenchristlichen Gemeinden möglich war, ist jetzt durch einen vor Kurzem veröffentlichten Text aus Qumran belegt, der vom Messias sagt: »Er wird Sohn Gottes genannt werden und sie werden ihn Sohn des Allerhöchsten nennen« (4Q 246,2,1; vgl. Lk 1,35).

Wahrscheinlich erzählten die Gemeinden längst vor der Abfassung des Matthäusevangeliums von einer Flucht des »neugeborenen Königs der Juden«, des »Retters« des Gottesvolkes, nach Ägypten, ins klassische »Fluchtland«, von dem wir schon sprachen. Dadurch, dass Jesus nun aus Ägypten kommt, deutet Matthäus an, dass sich mit seinem Kommen das Heil noch einmal neu ereignet.

Auch Jerusalem wurde geistlich »Ägypten«

Man darf auch erwägen, ob Matthäus den Kontext von Hos 11,1 mit anklingen lassen wollte. In Hos 11,5 heißt es: »Doch er muss wieder zurück nach Ägypten.« Und vorher und nachher lesen wir im 11. Kapitel des Prophetenbuchs Hosea: »Je mehr ich rief, desto mehr liefen sie weg von mir. Sie aber haben nicht erkannt, dass ich sie heilen wollte …

Mein Volk verharrt in Treulosigkeit« (Hos 11,2–3.7). Die Nähe dieser Texte zu Jer 31, dem das folgende Erfüllungszitat entnommen ist – Rachels Klage um ihre Kinder –, stützt die Auslegung, dass Matthäus die Abweisung Jesu im Blick hat (vgl. auch Mt 12,14; 27,20). Das Paradox der Erzählung besteht nun darin, dass jetzt, bei der Ankunft des Messias, die Verfolger nicht in Ägypten, sondern im Land Israel zu suchen sind. Während Ägypten Zufluchtsort wurde, ist Jerusalem geistlich »Ägypten« geworden.

Der Kindermord

Herodes erkennt, dass er von den Magiern, die nicht nach Jerusalem zurückkehrten, »genarrt« worden war. Die Voraussage des Engels, dass Herodes das Kind suchen werde, um es zu vernichten, erfüllt sich; doch Jesus war schon dem Zorn des Königs durch die Flucht nach Ägypten entkommen. Erinnert wird nun auch daran, dass sich Herodes bei den Magiern genau nach dem Zeitpunkt des Aufgangs des Sterns erkundigt hatte. Danach kann er nun berechnen, wann der neugeborene Rivale zur Welt gekommen sein könnte. Natürlich kann man aus der Schilderung nicht schließen, dass Jesus zu Lebzeiten des Herodes schon bis zu zwei Jahren alt gewesen sei. Die Zeitangabe unterstreicht nur die Grausamkeit des Potentaten, der die Kinder nicht nur in einem weiten Umkreis – Betlehem und allen seinen Bezirken –, sondern auch im Alter bis zu zwei Jahren umbringen lässt.

Die Frage nach dem historischen Kern

Auch wer mit keinem historischen Kern für die Ermordung der Kinder rechnet, wird anerkennen, dass die geschilderte Grausamkeit des Herodes sehr wohl zu den von ihm verübten Untaten passt. Die Erzählung hat Herodes wie den ägyptischen Pharao, der Moses nach dem Leben trachtete, dargestellt; außerhalb des Neuen Testamentes weiß die jüdische Zeitgeschichte nichts von einem solchen Ereignis.

Peter Stuhlmacher hat jüngst kommentiert: »Der Kindermord traf in dem kleinen Betlehem zwar nur wenige männliche Kinder und wird nirgends in außerbiblischen Quellen erwähnt. Er liegt aber ganz in der Linie der kindesmörderischen Herrschaft des alten Herodes.« Herodes hatte in der Zeit, die auch für die Geburt Jesu anzunehmen ist, z. B. im Jahr 7 v. Chr., drei Jahre vor seinem Tod, seine Söhne Alexander und Aristobul hinrichten lassen; er argwöhnte, seine Söhne wollten ihm die Herrschaft streitig machen. Und drei Jahre später, nur wenige Tage vor seinem Tod im Jahr 4 v. Chr., hat Herodes aus demselben Argwohn auch noch seinen Sohn Antipater umbringen lassen.

Flavius Josephus berichtet außerdem noch, Herodes habe vor seinem Tod die Anordnung getroffen, dass bei den Feierlichkeiten zu seinem Begräbnis möglichst viele vornehme Juden von Pfeilschützen erschossen werden sollten, damit das von ihm missachtete jüdische Volk in nicht nur pflichtgemäß vorgespielte, sondern in echte Trauer und Klage versetzt werde (vgl. Jüdische Altertümer XVII, 177–188).

Josephus hat über Herodes zusammenfassend geurteilt: »... ein gegen alle gleichmäßig grausamer Mensch, seinem Zorn verfallen und das Recht mit Füßen tretend« (Jüdische Altertümer XVII, 8,1).

Wir Zeugen der jüngsten Geschichte ...

Abraham Schalit wollte trotz der Lücke in außerbiblischer Überlieferung einen geschichtlichen Kern in der Erzählung vom betlehemitischen Kindermord nicht ausschließen:

»Herodes war gegen Ende seines Lebens nicht mehr im Vollbesitz seiner Sinne und dicht am Rande des Irrsinns. Warum sollen wir also nicht annehmen dürfen, dass ein halbwahnsinniger Despot imstande war, einen wahnwitzigen Blutbefehl, wie er im Matthäusevangelium überliefert ist, auszugeben? Gerade wir, die wir Zeugen der jüngsten

Geschichte Europas waren, sollten uns hüten, eine Untat von der Art des betlehemitischen Mordbefehles einzig und allein aus dem Grunde aus dem Bereich des Möglichen auszuschalten, weil sie einer historisch-kritischen Prüfung nicht standhält (…). Das Entscheidende am betlehemitischen Mordbefehl ist, dass er von Herodes mit der Absicht ausgegeben wurde, den neugeborenen Feind seines Königtums zu töten. Der Glaube an die unmittelbar bevorstehende Ankunft oder Geburt des messianischen Königs lag damals in der Luft. Der argwöhnische Despot spürte überall Verrat und Feindschaft, und ein vages zu ihm gedrungenes Gerücht kann seinem kranken Geist sehr wohl den Gedanken eingegeben haben, die neugeborenen Kinder zu töten. Der Befehl hat somit nichts Unmögliches an sich. Wenn es die Herrschaft galt, kannte auch der sterbende Herodes keinen Scherz.«

In der kirchlichen Liturgie

Die kirchliche Liturgie hat den sogenannten »Unschuldigen Kindern« weitere Märtyrer zur Seite gestellt, wie wir im nächsten Abschnitt genauer betrachten wollen; die Liturgie hat so angedeutet, dass das in den matthäischen Weihnachtsgeschichten erzählte Geschehen auch für die künftige Geschichte der Kirche prototypischen Charakter hatte und hat.

Wieder schließt der Evangelist ein Erfüllungszitat an, freilich nicht mit derselben Einleitung »damit«, die das furchtbare Geschehen als gottgewollt bezeichnet hätte. Vielmehr heißt es nun objektiv: »Damals erfüllte sich«. Beim Zitat aus Jer 31,15 spricht Matthäus in Abweichung vom hebräischen und vom griechischen Wortlaut des Prophetenbuchs von »viel Heulen und Jammern« und von Rachels »Kindern« statt von ihren »Söhnen«. Klagte Jakobs Lieblingsfrau, die Stammmutter Israels, in Jer 31,15 um die in das Exil nach Babylon verschleppten Söhne, die an ihrem Grab in Rama nördlich von Jerusalem vorbeiziehen, so ist bei Matthäus die Klage Rachels jetzt auf alle Knaben in Betlehem und Umgebung bezogen, die der misstrauisch-grausame Herodes töten ließ.

Jeremia, der ursprünglich auch neues Heil sichtete, ist in Mt 2 zum Unheilspropheten geworden. Zugleich fällt vom Propheten-Zitat aus »neues Licht auf den Kindermord und auf Herodes: Der Kindermord ist keine harmlose Sache, wenn die Stammmutter Rachel in Rama um ihre Kinder weint. Herodes kann kein wahrer König der Juden sein, wenn er Israels Kinder wegen Jesus tötet« (Ulrich Luz). Jesus hingegen wird sich – am Kreuz – als der wahre König Israels erweisen; er gibt sein Leben hin zur Stiftung des neuen Bundes durch die Vergebung der Sünden (vgl. Mt 1,21).

Das Fest der Unschuldigen Kinder

In der messianischen Exegese des Matthäus hat sich nun auch eine dreifache Typologie ergeben: Wie der erste Befreier, Moses, wird der zweite Befreier, der Messias Jesus, schon als Kind verfolgt und durch Gottes Führung gerettet. Und wie um seinetwillen Rachels Kinder aus dem Gottesvolk getilgt wurden, so werden später an ihm viele Kinder des Gottesvolkes zu Fall kommen. Schließlich: Um der Beglaubigung des Messias willen werden immer wieder Märtyrer unschuldig leiden und getötet werden.

Das hat der Festkalender der Kirche in den Tagen nach Weihnachten deutlich zum Ausdruck gebracht: Dem Fest der Unschuldigen Kinder am 28. Dezember gehen am 26. und 27. Dezember die Feste des Erzmärtyrers Stephanus und des Apostels und Evangelisten Johannes – nach alter Überlieferung auch ein »Märtyrer«, der freilich bei der »Ölmarter« im Kessel mit siedendem Öl keinen Schaden nahm, wie auch beim Trunk des Giftbechers nicht – voraus, und am 29. Dezember folgt das Fest des Märtyrers Thomas Becket, der im Jahr 1170 in der Kathedrale von Canterbury von Rittern des englischen Königs ermordet wurde.

Traudl Wallbrecher, geb. Weiß, Initiatorin der Katholischen Integrierten Gemeinde, hatte den prototypischen Aspekt der nachweihnachtlichen Märtyrerfeste schon entdeckt, als die 21-Jährige am Sylvestertag 1944 an einen Kameraden aus der katholischen Jugendbewegung einen bewegenden Brief schrieb, der den am Weihnachtstag Gefallenen – er war am Nikolaustag in amerikanische Gefangenschaft geraten, dann aber noch am Abend mit seinem Adjutanten geflohen und zu seinem Bataillon zurückgekehrt – nicht mehr erreichte, aber erhalten blieb:

»Heuer waren wir so arg weit weg von der Krippenseligkeit. Und doch, glaub ich, sind wir in dieser Weihnachtszeit viel echter um die Krippe gestanden. Wen hat denn die Kirche um die Heilige Nacht gestellt in der Liturgie? Kein Jahr noch spürte ich diese Tage zwischen Weihnachten und Neujahr so stark: die Unschuldigen Kinder – den Thomas von Canterbury und den liebsten Jünger Johannes – sie haben das Wunder der Weihnacht lebendig, fruchtbar gestaltet. Sie haben Gott, der zu uns gekommen ist und den ›die Welt nicht erkannt‹, hingetragen zu den Menschen im Opfer ihrer Liebe und ihres Lebens. – Die Ersten brachten das Opfer der noch keimenden Liebe – Christus hat den Tod und die Tränen ihrer Mütter verlangt – damit Er leben konnte. – Wie viele Kinder bluten heute ähnlich? – Stephanus – er brachte das Opfer der blühenden Liebe – sie war erwacht – aber noch nicht vollendet – er war noch so jung, sein Dasein so unfertig – seine Sendung scheinbar noch nicht erfüllt – so wie alle die vielen, die draußen auf den Schlachtfeldern bleiben und die vor unseren Lebensjahrzehnten in der Heimat sterben – scheinbar so unerfüllt – und doch reich in der Liebe – genügend reich für Christus, der ihr Opfer segnet. Und dann der britische Lordkanzler Thomas, der auf die höchste Machtstufe menschlicher Gewalt gestiegen – genial in seinem Handeln und Wirken – ein Segen der Menschheit – der dann wieder herabsteigen musste, weil er Gott und die Kirche in ihren Interessen noch vor die des Königs und des Reiches stellte – der dann so klein werden musste und heimtückisch ermordet wurde. – Er hat das Opfer der wachsenden Liebe gebracht. – Angefangen als kühner Held der Welt – geendet als Verratener der Erde – und Heiliger Gottes. Wie viele wurden vor die gleichen Fragen gestellt und werden gestellt? – Und noch Johannes – der liebste Jünger. War er doch nicht der weichliche Jüngling, wie ihn unsere Heiligenbilder malen. – Ist er doch mehrmals in der Heiligen Geschichte mit Christus sogar übers Kreuz gekommen – er war ein Feuerkopf – ein Fanatiker und war doch der Einzige, der unter dem Kreuz gestanden. – Hat dann sein Leben hingegeben und musste es dennoch in der Verbannung viele Jahre tragen und war dort berufen, die Apokalypse zu schreiben – jene furchtbarste und ergreifendste Offenbarung – sein so tiefes Evangelium und seine wundervollen Briefe über die Liebe. Er brachte das Opfer der reifenden Liebe. – Der Liebe, die unbedingt treu und bereit ist – jahrzehntelang – die alles überwindet und alles bezwingt.

Ja – dies ist nun die letzte Forderung unserer Tage – die die Sendung hinübertragen wird in eine andere Zeit. – So zeigen uns diese vier ›Krippenfiguren‹ der Kirche – den Weg, den einzig möglichen zu Gott. Ein Kreuzweg wohl – aber ein Kreuzweg der Liebe.«

Die Kirche kann inzwischen um viele ihrer Kinder klagen – und Rachel seit dem Holocaust noch um unendlich viel mehr; in ihre Klage kann die Kirche in tiefster Scham auch als Klage über sich selbst mit einstimmen.

Rückkehr ins Land Israel

Im Erzählabschnitt, der vom Geschehen »nach dem Ende des Herodes« berichtet und erneut von einer Weisung, die Joseph im Traum erhält und gehorsam befolgt, ist zweimal vom »Land Israel« die Rede, in das Joseph mit dem Kind und seiner Mutter aus Ägypten kommt. Damit wird – worauf schon das Reflexionszitat aus dem Propheten Hosea hinwies – Josephs »Kommen« mit dem Kind und seiner Mutter – es wird nicht von »Rückkehr« gesprochen – wie ein neuer Einzug ins Gelobte Land geschildert. »Land Israel« wird in der rabbinischen Theologie die nahezu ausschließliche Bezeichnung für das Land, in das die Israeliten »eingezogen« waren.

Archelaus, der grausame Herodessohn

Doch das Land – so scheint angedeutet – nimmt seinen wahren König nicht auf. Denn statt des Vaters Herodes herrscht dort nun dessen Sohn Archelaus als Ethnarch; und dessen Grausamkeit stand der seines Vaters in nichts nach. Der älteste Sohn Herodes' des Großen hatte den Abschluss seiner Erziehung in Rom genossen und war nach seiner Rückkehr bei seinem Vater zunächst verleumdet und von diesem in einem Testament zurückgesetzt worden; doch vor seinem Tod machte Herodes, als er die Wahrheit erfuhr, ein neues Testament: Er übertrug dem Archelaus als seinem Nachfolger in den Kerngebieten Judäa, Samaria und Idumäa seinen Titel eines *rex socius* des römischen Kaisers, der nun die Hälfte seines Großreiches von 4 v. Chr. bis 6 n. Chr. regierte.

Nach seinem Regierungsantritt schlug Archelaus einen Aufruhr nieder, wobei er 3000 seiner jüdischen Untertanen umbringen ließ. Flavius Josephus nennt ihn »roh und tyrannisch« (Jüdische Altertümer XVII, 342). Die Rücksichtslosigkeit und Gewalttätigkeit des neuen Herrschers wird in unserer Erzählung als bekannt vorausgesetzt.

Zehn Jahre nach dem Tod Herodes' des Großen wurde Archelaus im Jahr 6 n. Chr. seiner Misswirtschaft wegen von Augustus nach Gallien verbannt. Sein Gebiet wurde fortan als Annex der Provinz Syrien von einem römischen Präfekten verwaltet. Der Präfekt Pontius Pilatus wird Jesus hinrichten lassen.

Von Judäa nach Galiläa

Joseph bleibt, aus Ägypten zurückgekehrt, nicht in Judäa. Denn Joseph, so heißt es, »fürchtete sich«, dorthin, also in das Land Israel, zu gehen, nach Betlehem zurückzukehren und dort wieder Wohnung zu nehmen, von wo er geflohen war.

Der neue Einzug geschieht in zwei Etappen – gemäß der Führung Gottes, die Joseph erneut eine Weisung zukommen lässt. Die zweite Etappe führt aus dem »Land Israel«, aus Judäa, in das »Gebiet von Galiläa«, das in Mt 4,15 mit dem Propheten Jesaja »das heidnische Galiläa« genannt wird.

Dass Jesus aus Nazaret kommt, haben wir eingangs schon besprochen. Hier ist seine Grußfamilie zu Hause, von der wir in. den Evangelien und später noch in der kirchlichen Überlieferung hören. Nach Mk 1,9 kam »Jesus aus Nazaret in Galiläs« zu Johannes, dem Täufer, an den Jordan. Nazaret ist »seine Vaterstadt« (Mk 6.1), in der er bei seinen Landsleuten keinen Glauben findet – nach manchen Überlieferungen auch nicht bei seiner Familie. Seine Hörer in der Synagoge dort sagen: »Ist dieser nicht der Zimmermann, der Sohn der Maria, und der Bruder von Jakobus, Joses, Judas und Simon? Leben nicht seine Schwestern hier unter uns?« (Mk 6,3). Und der Evangelist kommentiert: »Und sie nahmen Anstoß an ihm und lehnten ihn ab« (ebd.).

Während Matthäus Markus folgt, hat Lukas die Szene vom Besuch Jesu in seiner Heimatstadt Nazaret groß ausgebaut (Lk 4,16–30). Hier nennen die Leute Jesus schlicht den »Sohn des Joseph« (4,22). Und das Johannesevangelium weiß über die Szene bei Markus hinaus, wo die Mutter Jesu und seine Brüder kommen, um ihn heimzuholen, weil sie ihn für verrückt halten (Mk 3,20–21), davon, dass die Brüder Jesu nicht an ihn glaubten (Joh 7,5).

Nazaret hat also auch in der neutestamentlichen Überlieferung keinen besonders guten Klang bekommen – außer dass der Herkunftsort Jesu zum Beleg für die niedrige, auch verborgene Herkunft des Messias werden kann.

»Damit erfüllt würde ...«

Der ganze Text schließt mit einem weiteren Erfüllungszitat, das freilich bislang noch von niemandem als direktes Zitat nachgewiesen werden konnte. Deshalb ist auch der Sinn des Zitates und insbesondere die Bezeichnung Jesu als »Nazoräer« nicht leicht zu bestimmen. Recht verschiedene Vorschläge sind gemacht worden. Zuletzt hat Peter Stuhlmacher eine »biblische Erklärungsmöglichkeit«, die der Alttestamentler Hartmut Gese vorgeschlagen hat, vorgestellt:

»Die griechische Bibel gibt bei der Umschreibung von hebräischen Worten den hebräischen Konsonanten Zade = z stets nur mit griechischem Sigma = s und nicht mit griechischem Zeta = z (wie in *nazoraios*) wieder. Das griechische Zeta steht für den hebräischen Buchstaben Zajin = s. Der Ausdruck *nazoraios* könnte darum auf die hebräische Wurzel nsr anspielen. Sie bezeichnet die Weihe an Gott und hat aufs Engste mit dem Messias zu tun. Für ihn war nämlich das Weihediadem (hebräisch: *neser*) bestimmt. Es bestand aus einem Edelstein an einem Goldreif, den der König auf der Stirn trug.

Auf dem Edelstein war in althebräischen Buchstaben eingraviert: ›Heilig für JHWH‹ (vgl. Sach 3,8–9). Das Weihediadem verlieh seinem Träger sakrale Würde. Nach 2 Kön 11,12 wurde das Diadem dem Königssohn bei der Thronbesteigung verliehen. Die Verleihung war mit der göttlichen Adoptionsformel ›Du bist mein Sohn‹ (Ps 2,7) verbunden. Auch der Hohepriester trug den *neser* auf der Stirn (vgl. Ex 29,6; 39,30; Lev 8,9). Mit Bezug auf den Messias heißt es in Ps 132,17–18: ›Dort (auf dem Zion) lasse ich sprossen das Horn für David … auf seinem Haupt erglänzt sein Weihediadem.‹ Das für den Messias bestimmte Diadem wurde schon in der Zeit des Propheten Sacharja hergestellt und im Tempel aufgehängt (vgl. Sach 6,9–14). Nach der Mischna, Traktat Middot 3,8, waren im Gebälk der Tempelvorhalle goldene Ketten befestigt. An ihnen konnten angehende junge Priester emporklettern, um die Krone des Messias anzusehen.

Der Ausdruck *nazoraios* könnte also auch auf den für Gott Ausgesonderten, den spirituell gekrönten Messias hinweisen, der in dem Marienkind auf Erden erschienen ist. Diese Deutung passt vorzüglich zu dem Hinweis des Matthäus auf ›das (von Gott) durch die Propheten Gesagte‹ und zum messianischen Ton der matthäischen

Weihnachtsgeschichten insgesamt. Sie gibt der Bezeichnung Jesu als nazoraios geistliche Tiefe.

Dem Evangelisten Matthäus scheint noch bewusst gewesen zu sein, dass mit diesem Wort nicht einfach nur die Zugehörigkeit Jesu zu den Leuten aus Nazaret gemeint war, sondern dass es messianische Tiefendimension hatte. Der Hinweis auf das messianische Diadem deutet nicht nur auf die Dornenkrone des Gekreuzigten hin (vgl. Mt 27,29), sondern weist zugleich auch auf die Endzeit voraus. Am Ende der Tage wird der auferstandene Christus neu erscheinen und an der Spitze der himmlischen Heerscharen den Endkampf gegen die Gottesfeinde anführen. Nach Offb 19,12 wird er dann das herrliche Diadem des Messias auf dem Haupt tragen.«

Eine weitere Deutung

Meine eigene Deutung orientierte sich an einer anderen Vorgabe:

»Schon der Kirchenvater Hieronymus verwies um das Jahr 339 in seinem Jesaja-Kommentar auf Jes 11,1: Über etwas, das alle Forscher suchen und nicht finden, nämlich wo geschrieben steht: ›Er wird Nazaräer genannt werden‹, sind die Gelehrten der Hebräer (= der Judenchristen) der Meinung, dass es dieser Stelle (sc. Jes 11,1) entnommen sei. In einem Brief an Pommachius nahm sich Hieronymus fünf Jahre später die Freiheit, Jes 11,1 so zu paraphrasieren: ›Und von seiner Wurzel sprosst hervor der Nazaräer.‹ Freilich, dass der in Jes 11,1 angekündigte messianische Spross aus Nazaret kam, ist eine erst auf dem Boden der geschichtlich konkreten Erfüllung der tastenden Verheißungsentwürfe der Propheten erkennbare sinnvolle Konstellation. Erwartet war dies so nicht!

In Jes 60,21 ist das messianische Volk als der Spross der Anpflanzung JHWHs verstanden; und die Gemeinde von Qumran hat diese Bezeichnung für sich übernommen (1 QH VI,15; VII,5.8.10). Vielleicht hat Matthäus auch daran gedacht, dass Jesus, der ›Nazarener‹, als der ›Heilige Gottes‹ (Mk 1,24) galt; dies konnte aus Richter 13,7 und 16,17 und dem Wechsel vom ›Naziraios‹ zum ›Heiligen Gottes‹ (in der griechischen Übersetzung der jüdischen Bibel, der Septuaginta) entnommen werden.«

(in: Rudolf Pesch, Über das Wunder der Jungfrauengeburt)

Schlusswort: Die matthäischen Weihnachtsgeschichten

Wie das lukanische Weihnachtsevangelium (Lk 2,1–21), so sind auch die matthäischen Weihnachtsgeschichten (Mt 2,1–23) in der Zeitgeschichte der Jahre der Geburt Jesu tief verankert; von dort her – von der Gegenüberstellung des »neugeborenen Königs« (Mt), des »Retters und Herrn« (Lk) – erhalten sie ihre Brisanz. Und diese ergibt sich nicht zuletzt als Konsequenz aus der Offenbarungsgeschichte seit Abraham, in der immer wieder der umstürzlerische Charakter dieser Geschichte, in der Gottes Herrschaft offenbar wird, in der Reaktion der etablierten Mächte dieser Welt überdeutlich angezeigt wird.

Abraham wird, wie die jüdischen Legenden erzählen, vom urzeitlichen König Babylons und Assurs verfolgt und bedroht und wunderbar gerettet; Mose erleidet ein vergleichbares Geschick durch den Pharao in Ägypten – und Jesus stellt nicht nur die Herrschaft und Friedensideologie des römischen Kaisers Augustus infrage, sondern auch deren messianische Usurpation durch den König von Roms Gnaden in Judäa, Herodes den Großen. Was das bedeutet, hat Papst Benedikt in seinem Jesus-Buch so formuliert:

»Der an sich unpolitische Glaube der Christen, der nicht politische Macht fordert, sondern die rechtmäßige Obrigkeit anerkennt (Röm 13,1–7), stößt unvermeidlich mit dem Totalitätsanspruch der politischen Macht zusammen und wird allezeit mit totalitären politischen Mächten zusammenstoßen, in die Situation des Martyriums gedrängt – in die Gemeinschaft mit dem Gekreuzigten, der nur ›vom Holz her‹ herrscht.«

Die matthäischen Kindheitsgeschichten sind also dazu angetan, unter uns Christen das Bewusstsein dafür lebendig zu erhalten, dass die Nachfolge Jesu, des gekreuzigten Königs der Juden, die Bereitschaft einschließt, dem Konflikt mit dem und den Herrschern dieser Welt nicht auszuweichen und auf Gottes wunderbare, rettende Führung zu setzen. Im Konflikt mit dem Herodianer Agrippa wird sie für Petrus von Lukas in Apg 12 eindrücklich geschildert.

Die »Magier« sind im Laufe der Kirchengeschichte zu »Königen« geworden. Damit war über die Typologie der Hinzunahme der Heiden zum Volk Gottes, die Frucht des Lebens und Sterbens des »neugeborenen Königs« sein wird, hinaus eine weitere Typologie ermöglicht. So konnte die Hoffnung zum Ausdruck gebracht werden, dass heidnische wie christliche Herrscher in die Lage kommen können, dem wahren »König der Juden«, dem König Israels, dem »König der Könige«, zu huldigen und ihre

Herrschaft nach Seinem Recht und Seiner Gerechtigkeit auszuüben. Die Magier wurden in der heilsgeschichtlichen Deutung von Mt 2 nicht nur zur »Erstlingsfrucht der Völker« (Augustinus), als die drei Könige repräsentierten sie im Mittelalter (seit Beda Venerabilis) auch die damals bekannten drei Erdteile: Asien, Afrika und Europa, weshalb nun auch einer von ihnen als ein Schwarzer dargestellt wurde.

Heute müssen wir vor allem kritisch sehen, dass die matthäischen Kindheitsgeschichten auch in den Sog christlichen Antijudaismus hereingezogen wurden und ihn mitbefördert haben. Ulrich Luz hat in seinem Matthäuskommentar Beispiele notiert:

»Schon für Origines ist Herodes ›ein Symbol des ungehorsamen Volkes‹. Johannes Chrysostomus stellt die Magier den ungehorsamen Juden gegenüber, die ›nicht einmal den eigenen Propheten glauben‹, und fordert seine Hörer/-innen auf, gleich den Magiern, ›das jüdische Volk, die Stadt voll Verwirrung‹ zu verlassen. Für Hilarius von Poitiers bedeutet das göttliche Verbot an die Magier, auf dem Heimweg nach Jerusalem zurückzukehren, dass uns ›nicht erlaubt ist, von Judäa Wissenschaft und Erkenntnis zu erstreben‹.«

Es bedurfte der Katastrophe der Schoah, in der das jüdische Volk selbst der Vernichtung anheimgegeben wurde, um in der Kirche einen Umkehrprozess einzuleiten. Seit dem 24. Mai 2001 gibt es das Dokument »Das jüdische Volk und seine Heilige Schrift in der christlichen Bibel« der Päpstlichen Bibelkommission, deren Präsident damals Joseph Kardinal Ratzinger war. Er hat in seinem Vorwort in Korrektur der Väterstimmen eindeutig erklärt: »Was aus dem Geschehenen folgen muss, ist ein neuer Respekt für die jüdische Auslegung des Alten Testaments.«

Und mit Blick auf die matthäischen Weihnachtsgeschichten können wir abschließend auch die Aussagen dieses Dokuments in Nr. 88 beherzigen: »Vor allem beim Studium der großen Themen des Alten Testamentes und ihrer Weiterführung im Neuen wird einem die eindrucksvolle Symbiose bewusst, die die beiden Teile der christlichen Bibel verbindet, und zugleich die überraschende Kraft der geistlichen Bande, die die Kirche Christi mit dem jüdischen Volk verknüpfen.«

Wie die Magier bleiben auch wir auf »Jerusalem« verwiesen.

Benutzte und zitierte Literatur

Die Weihnachtsgeschichte nach Lukas

Israel Knohl, Der vergessene Messias, München 2001.

Martin Hengel, Die Zeloten, Leiden ²1976.

Martin Hengel, Artikel »*phatne*« (Krippe), in: Theologisches Wörterbuch zum Neuen Testament, Bd. IX, S. 51–57.

Peter Stuhlmacher, Die Geburt des Immanuel, Göttingen 2005.

Claus Westermann, Alttestamentliche Elemente in Lukas 2,1–20, in: Tradition und Glaube. Festschrift K. G. Kuhn, Göttingen 1971.

Joachim von Sandrart, Madonna mit dem Friedenstempel. Allegorie auf den Westfälischen Frieden, 1648, Münster, Westfälisches Landesmuseum für Kunst und Kulturgeschichte.

Joseph H. H. Weiler, Ein christliches Europa, Salzburg/München 2004.

Joseph Kardinal Ratzinger, Salz der Erde. Christentum und katholische Kirche an der Jahrtausendwende. Ein Gespräch mit Peter Seewald, Stuttgart 1996.

Joseph Ratzinger/Benedikt XVI. Gott und die Welt. Die Geheimnisse des christlichen Glaubens. Ein Gespräch mit Peter Seewald, München 2000.

Hedvig Fornander, Heute geht es erst an, Urfeld 1992.

Hedvig Fornander, Zarte Blume, Urfeld 1991.

Joachim Gnilka, Das Matthäusevangelium. I. Teil. Kommentar zu Kap. 1,1–13,58 (Herders Theologischer Kommentar zum Neuen Testament I,1), Freiburg i. Br. 1986.

Antonius H. J. Gunneweg, Nehemia (Kommentar zum AT 19/2), Gütersloh 1987.

Ulrich Luz, Das Evangelium nach Matthäus (Mt 1–7) (Evangelisch-Katholischer Kommentar zum Neuen Testament I/1), Neukirchen Vluyn / Düsseldorf / Zürich [5]2002.

Rudolf Pesch, Über das Wunder der Jungfrauengeburt (Urfelder Reihe 5), Bad Tölz 2002.

Rudolf Pesch, Das Weihnachtsevangelium [des Lukas]. Neu übersetzt und ausgelegt, Freiburg i. Br. 2007.

Rudolf Pesch, Die matthäischen Weihnachtsgeschichten. Die Magier aus dem Osten, König Herodes und der betlehemitische Kindermord. Mt 2 neu übersetzt und ausgelegt, Paderborn 2009.

Joseph Ratzinger, Die Vielfalt der Religionen und der Eine Bund (Urfelder Reihe 1), Bad Tölz 1998.

Joseph Ratzinger/Benedikt XVI., Jesus von Nazaret. Erster Teil. Von der Taufe im Jordan bis zur Verklärung, Freiburg i. Br. 2007.

Abraham Schalit, Herodes, Berlin 1969.

Peter Stuhlmacher, Die Geburt des Emmanuel, Göttingen 2005.

RUDOLPH PESCH, Dr. phil., Dr. theol., war Professor für Neues Testament an den Universitäten Frankfurt am Main und in Freiburg im Breisgau. Er gab seinen Lehrstuhl auf, um ganz in der Katholisch Integrierten Gemeinde zu wirken, der er bis 2008 angehörte. Ab 2008 lehrte er im Rahmen des Institutes für Pastoraltheologie »Redemptor Hominis« an der Päpstlichen Lateranuniversität. Er wurde am 19. August 2010 von Papst Benedikt XVI. in einer Privataudienz empfangen. Verstorben am 13. Januar 2011 in Rom, ist er in Castel Gandolfo bestattet worden.

Unveränderter, für den Satz angepasster Nachdruck von:
Rudolf Pesch, Das Weihnachtsevangelium [des Lukas]. Neu übersetzt und ausgelegt, Freiburg i. Br. 2007.
Rudolf Pesch, Die matthäischen Weihnachtsgeschichten. Die Magier aus dem Osten, König Herodes und der betlehemitische Kindermord. Mt 2 neu übersetzt und ausgelegt, Paderborn 2009.

Umschlaggestaltung: Finken & Bumiller, Stuttgart
Umschlagmotiv: © shutterstock, Elena Ray
Satz: post scriptum / www.post-scriptum.biz
Herstellung: finidr s. r. o., Český Těšín
Printed in the Czech Republic

www.bibelwerk-impuls.de

ISBN 978-3-460-32145-8